Immigration und Schwierigkeiten im deutschen Alltag
-
Eine chinesische Migrantin in Deutschland

Sabine Emde

KULTUR – KOMMUNIKATION – KOOPERATION

herausgegeben von Gabriele Berkenbusch und Katharina von Helmolt

ISSN 1869-5884

1   Gabriele Berkenbusch und Doris Weidemann (Hrsg.)
    Herausforderungen internationaler Mobilität
    Auslandsaufenthalte im Kontext von Hochschule und Unternehmen
    ISBN 978-3-8382-0026-2

2   Vasco da Silva
    Critical Incidents in Spanien und Frankreich
    Eine Evaluation studentischer Selbstanalysen
    ISBN 978-3-8382-0036-1

3   Gwendolin Lauterbach
    Zu Gast in China
    Interkulturelles Lernen in chinesischen Gastfamilien:
    Eine Längsschnittstudie über die Erfahrungen deutscher Gäste
    ISBN 978-3-8382-0082-8

4   Katharina Bertz
    Akkulturationsmodelle in der aktuellen Forschung
    Metaanalyse neuester wissenschaftlicher Studien über Akkulturation
    ISBN 978-3-8382-0126-9

5   Sabine Emde
    Immigration und Schwierigkeiten im deutschen Alltag
    Eine chinesische Migrantin in Deutschland
    ISBN 978-3-8382-0101-6

Sabine Emde

IMMIGRATION UND SCHWIERIGKEITEN IM DEUTSCHEN ALLTAG

Eine chinesische Migrantin in Deutschland

ibidem-Verlag
Stuttgart

Bibliografische Information der Deutschen Nationalbibliothek
Die Deutsche Nationalbibliothek verzeichnet diese Publikation in der
Deutschen Nationalbibliografie; detaillierte bibliografische Daten sind im
Internet über http://dnb.d-nb.de abrufbar.

Bibliographic information published by the Deutsche Nationalbibliothek
Die Deutsche Nationalbibliothek lists this publication in the Deutsche Nationalbibliografie;
detailed bibliographic data are available in the Internet at http://dnb.d-nb.de.

∞

Gedruckt auf alterungsbeständigem, säurefreien Papier
Printed on acid-free paper

ISSN: 1869-5884

ISBN-10: 3-8382-0101-9
ISBN-13: 978-3-8382-0101-6

© *ibidem*-Verlag
Stuttgart 2010

Alle Rechte vorbehalten

Das Werk einschließlich aller seiner Teile ist urheberrechtlich geschützt. Jede Verwertung
außerhalb der engen Grenzen des Urheberrechtsgesetzes ist ohne Zustimmung des Verlages
unzulässig und strafbar. Dies gilt insbesondere für Vervielfältigungen,
Übersetzungen, Mikroverfilmungen und elektronische Speicherformen sowie die
Einspeicherung und Verarbeitung in elektronischen Systemen.

All rights reserved. No part of this publication may be reproduced, stored in or introduced into a retrieval
system, or transmitted, in any form, or by any means (electronical, mechanical, photocopying, recording or
otherwise) without the prior written permission of the publisher. Any person who does any unauthorized act
in relation to this publication may be liable to criminal prosecution and civil claims for damages.

Printed in Germany

Inhaltsverzeichnis

Inhaltsverzeichnis 5
1. Einleitung 7
2. Die Situation der chinesischen Migranten in Deutschland 13
   2.1 Begriffliche Grundlagen 13
   2.2 Geschichtlicher Überblick seit 1945 13
   2.3 Die heutige Situation der chinesischen Migranten in Deutschland .. 16
      2.3.1 Die Vielschichtigkeit der chinesischen Bevölkerung
         in Deutschland 16
      2.3.2 Die Alltagssituation chinesischer Migranten 19
   2.4 Chinesische Migrantinnen in Deutschland 21
3. Methoden der qualitativen Sozialforschung 23
   3.1 Das narrative Interview 23
   3.2 Auswertungsverfahren 25
      3.2.1 Situationsbeschreibung 25
      3.2.2 Grobstruktur 26
      3.2.3 Induktive Kategorienbildung 28
      3.2.4 Sequenzanalyse 29
4. Das Interview 31
   4.1 Vorstellung der Interviewpartnerin 31
   4.2 Aufnahmesituation 32
   4.3 Analyse des Gesamttextes 33
      4.3.1 Erste Passage: Migrationsgeschichte 34
         4.3.1.1 Einfach und unkompliziert 34
         4.3.1.2 Die erste Zeit 37
         4.3.1.3 Die Schwiegereltern 39
            Hintergrundinformation zum chinesischen Familienverständnis. 43
         4.3.1.4 Der Führerschein 44
         4.3.1.5 Zusammenfassung 47
      4.3.2 Zweite Passage: Wichtige Personen 48
         4.3.2.1 Der Ehemann 48
         4.3.2.2 Der Sohn 52
            Hintergrundinformation zum chinesischen Unterrichtskonzept ... 54
         4.3.2.3 Die deutsche Freundin 55
            Hintergrundinformation zu ‚Guanxi' in Freundschaften 57
         4.3.2.4 Zusammenfassung 58
      4.3.3 Dritte Passage: Beruf 59

4.3.3.1 Die Arbeit in der ersten Firma 59
4.3.3.2 Die internationale Geschäftsfrau 65
4.3.3.3 Zusammenfassung 68
4.3.4 Vierte Passage: Fremdenfeindlichkeit 69
4.3.4.1 Die Ostdeutschen 69
4.3.4.2 Die Notengebung des Lehrers 73
4.3.4.3 „Er kann nicht zurück" 79
4.3.4.4 Zusammenfassung 81
4.3.5 Fünfte Passage: Unterschiede zwischen Deutschen und
Chinesen.. 82
4.3.5.1 Über Leichtigkeit und Schwierigkeiten 82
4.3.5.2 Im Herzen Chinesin 85
*Hintergrundinformation zum chinesischen Sozialverhalten
im Alltag* 88
4.3.5.3 Zusammenfassung 89
4.4 Zusammenfassende Darstellung 90
4.4.1 Inhalt 90
4.4.2 Selbstdarstellung.. 92
4.4.3 Beziehung zur Interviewerin 93
5. Schlussbetrachtung 95
Literaturverzeichnis 97

1. Einleitung

Das Thema ‚Migration' verliert in Deutschland nicht an Aktualität. Es hat festen Einzug in die innenpolitischen Debatten gehalten und wird auch in der Öffentlichkeit immer wieder kontrovers diskutiert. Die Meinungen reichen von Angst vor kriminellen Fremden auf der einen Seite bis hin zu dem Wunsch der Verwirklichung einer toleranteren und offeneren Gesellschaft durch das Zusammenleben verschiedener Kulturen auf der anderen Seite (Köck, Moosmüller, Roth 2004, S. 9f.). Die Migranten selbst kommen mit großen Hoffnungen nach Deutschland und stehen dort zunächst vor der Aufgabe, sich in einer fremden Umgebung zurechtzufinden. Dabei können neben Sprachproblemen auch die Unkenntnis der Migranten über die Gepflogenheiten in Deutschland die Anpassung erschweren und zu Isolation führen. Zudem fördern Sitten und Gebräuche aus dem kulturellen oder religiösen Umfeld des Herkunftslandes die Abgrenzung gegenüber Deutschen, die den Fremden ablehnend gegenüberstehen.

Eine besondere Herausforderung stellen binationale oder bikulturelle Partnerschaften dar, da die Abstimmung unterschiedlicher Vorstellungen ein hohes Maß an Toleranz und Aufgeschlossenheit für den kulturellen Hintergrund des Partners erfordert (Kuan, Häring-Kuan 2006, S. 300). Oft sehen sich die Paare zudem der ablehnenden und teilweise diskriminierenden Haltung ihrer Familie und ihres gesellschaftlichen Umfeldes ausgesetzt und nicht selten stehen ihnen auch bürokratische Hindernisse im Weg (Polm 1997, S. 194-196).

Die vorhandene Literatur über chinesische Migranten beschäftigt sich hauptsächlich mit Einwanderern in Amerika. Seltener werden chinesische Migranten in Europa behandelt, und über chinesische Migranten in Deutschland gibt es auf Grund ihrer vergleichsweise geringen Anzahl nur wenig Literatur.

Mehrere Studien, die sich mit chinesischen Einwanderern in Deutschland beschäftigen, betrachten die Entwicklung der chinesischen Migration im 19. und 20. Jahrhundert (vgl. Groeling-Che, Hui-wen, Yü-Dembski 2005, S. 5-8). Da sich aber seit 1990 die Beziehungen zwischen China und Deutschland deutlich verbessert haben, wird Deutschland attraktiver für chinesische Migranten und ihre Anzahl steigt (He 2007, S. 5f.). Dadurch verändern sich ihre Situation und ihre Bedeutung in der Gesellschaft, so dass neue Studien über die aktuelle Situation chinesischer Migranten notwendig werden. Die bisherigen Forschungen über chinesische Migranten in Deutschland unterscheiden nicht speziell nach dem Geschlecht oder gehen prinzipiell von männlichen Migranten aus. Zlotnik (2003) schreibt, dass in der Migrationsforschung Frauen bis in die späten siebziger Jahre als vernachlässigbar kleine Minderheit angesehen wurden und es deshalb wenige geschlechtsspezifische Studien über Migranten gibt. Neue Studien zeigen aber, dass seit 1960 weibliche Migranten jeweils fast die Hälfte der gesamten Migranten ausmachten und damit ein wichtiges Forschungsfeld darstellen.

Mit der vorliegenden Studie möchte ich Material für weitere Forschungen bereitstellen. Das Interview ist Teil eines Projektes, bei dem mehrere Interviews speziell mit weiblichen Migranten geführt werden. Die Frauen sind nach Deutschland gekommen, weil ihr Mann in Deutschland Arbeit gefunden hat, oder weil sie einen Deutschen geheiratet haben.

Vor diesem Hintergrund möchte ich den Verlauf einer Migration aus Sicht einer Migrantin untersuchen. Da ich durch mein Studium bereits Kenntnisse über den chinesischen Kulturraum erlangt habe, interviewe ich eine Chinesin. Sie hat einen Deutschen geheiratet und ist mit ihm nach Deutschland gekommen. Um einen Einblick in die Hauptthemen des Interviews zu geben, analysiere ich bereits an dieser Stelle die erste Sequenz.

Die Zeit in China

```
1    I: ok ehm so my first question would be ehm (--) how did
2       it come that you (-) went to germany
3    E: <lento> hm eh: (1.3) i worked (1.6) in: abteilung h
4       (--) in         firma f       (--)in: c-stadt (-)china
5    I:              [mhmh]         [mhmh]
6    E:         (1.6)an:d eh: (-) i knew my husband there (1.2)
7    I: [mhmh]
8    E: we worked together in the beginning (-) we worked
9       together (-) an:d eh: (2.1) little by little (--) hm
10      we know each other long time (--) and eh he knew i am
11      single and eh then: (1.2) we started to:       (-)
12   I:                                              [mhmh]
13   E: to g'
14      to: (-) go together      (---) mh (--) an:d eh: for
15   I:                        [mhmh]
```

1. Einleitung

```
16    E:  me the: (1.8) mh::the good chance to work eh:
17        to: lIve       and to WORK in germany
18    I:        [mhmh]
19    E:  becAuse i am not so YOUNG      woman (.)
20    I:        [mhmh]
21    E:  in chIna the age is very important for the people to
22        find a good job      (---) i had a good job in china
23    I:        [mhmh]
24    E:  but the company is bankruptcy    (---) an:d from
25    I:        [mhmh]
26    E:  the: bur eh very special situation in china as i
27        worked eh for governmEnt     and eh::: meine job
28    I:        [mhmh]
29    E:  ist eh: for the foreign trade company an:d our
30        government before needed eh lots of dOllar an:d later
31        country: <acc> eh chinese government had enOugh for
32        follow then they don't need our company then they
33        make bankruptcy for us an:d
34        so for this reason i not find a nEw job and good job
35        and but i'm
36        not so young so i:
37        i am
38        i thInk if i go to germany maybe i can have a good
39        job       because i hEard in: in
40    I:        [mhmh]
41    E:  in china eh::
42        in germany is
43        the people
44        when the people want to wOrk they must have a good eh:
45        expErience an:d then they
46        they can get job
47    I:        [mhmh]
48    E:  for this reason i decIde to come to germany
49    I:        [mhmh]
```

Ich leite das Interview mit der Frage ein, wie es dazu kam, dass Frau Müller nach Deutschland migrierte (Z. 1f.). Frau Müller beginnt daraufhin über ihre Firma in China zu erzählen, in der sie ihren Mann kennengelernt hat (Z. 3f.), und berichtet, wie sie und ihr Mann sich näher gekommen sind (Z. 6-14). Danach bewertet sie die Beziehung als eine gute Chance, in Deutschland zu leben und zu arbeiten (Z. 14-17), und begründet ihre Aussage mit ihrem Alter, das ihr in China ihrer Meinung nach bei der Arbeitssuche als Nachteil angerechnet werde (Z. 19-22). In einer Rückblende erzählt Frau Müller über die Zeit, in der sie in einer anderen Firma für die Regierung gearbeitet hat. Sie habe dort einen guten Arbeitsplatz gehabt, die Firma sei aber geschlossen worden (Z. 22-24). Die folgende Passage, in der Frau Müller die besondere Situation dieser Firma erklärt, ist nicht ganz eindeutig. Ich verstehe sie so, dass die Außenhandelsfirma, bei der Frau Müller angestellt war, für die Regierung arbeitete und diese viel Geld brauchte (Z. 26-30). Als die Dienste der Firma von der Regierung nicht mehr benötigt wurden, sei sie geschlossen worden, und Frau Müller habe keine vergleichbare Beschäftigung gefunden (Z. 31-34). Sie kommt wieder auf ihr Alter zu sprechen (Z. 36) und wiederholt, dass sie in Deutschland für sich eine bessere Chance auf einen guten Arbeitsplatz gesehen habe (Z. 38f.), da sie gehört hatte, in Deutschland werde großer Wert auf Berufserfahrung gelegt (Z. 39-46). Frau Müller bezeichnet dies als Beweggrund für ihre Einreise und beendet damit ihre Erzählung (Z. 48).

Zu Beginn dieser Sequenz spricht Frau Müller sehr langsam und macht lange Pausen. Der erste Satz ihrer Antwort (Z. 3f.) dient sowohl ihr als auch ihrem Zuhörer als Orientierung, um sich in die damalige Zeit zurückzuversetzen. Die Beschreibung, wie sie ihren Mann kennen gelernt hat (Z. 6-14), bleibt ebenfalls sehr ruhig und nachdenklich. Dadurch entsteht der Eindruck einer langsamen Entwicklung, zumal sie Ausdrücke wie „little by little" (Z. 9) und „long time" (Z. 10) verwendet. Zugleich vermittelt die Aussage „we know each other long time"(Z. 10), dass sie sich nicht nur lange, sondern auch gut kannten und vertraut miteinander waren. Diese Vertrautheit und der Umstand, dass sie zu dieser Zeit Single war (Z. 9), ergeben für Frau Müller die Grundlage einer festen Beziehung. Da Frau Müller die Entwicklung von außen beschreibt und nicht auf Handlungen der Akteure eingeht, wirkt die Partnerschaft wie eine logische Folge äußerer Umstände, auf die die beiden Partner selbst wenig Einfluss genommen haben. Mit ihrem nächsten Satz ordnet Frau Müller ihre Beziehung ihrer Arbeitssuche unter (Z. 14-17). Die Bedeutung der Arbeit wird dabei noch hervorgehoben, da sie zunächst ihren Satz mit „to work" beginnt, sich dann unterbricht und „to live" einsetzt, am Ende aber doch noch einmal mit deutlicher Betonung „to WORK" wiederholt. Sie begründet ihre Ansicht damit, dass sie nicht mehr so jung sei, wobei sie „YOUNG" als zentrales Adjektiv betont (Z. 19). Der Zusammenhang zwischen Alter und Arbeit wird durch ihre anschließende Erklärung ergänzt, dass in China das Alter ein wichtiger Faktor bei der Einstellung sei (Z. 21f.). Die Erklärung zeigt, dass Frau Müller sich des unterschiedlichen kulturellen Kontextes, aus dem Erzähler und Interviewer stammen, bewusst ist und es als notwendig erachtet, ihre Sichtweise

1. Einleitung

durch Erklärungen plausibel zu machen. Dabei verallgemeinert sie ihre Erfahrungen, so dass sie als Expertin für den chinesischen Kulturraum spricht.

Der Hinweis, dass sie eine gute Arbeit in China hatte (Z. 22), stellt Frau Müller in das Licht einer erfolgreichen Geschäftsfrau und grenzt sie von dem Stereotyp eines Arbeitsmigranten, der aus armen Verhältnissen in ein Land mit höherem Lohnniveau einwandert, ab. In der folgenden Erklärung macht sie die Regierung für die Zahlungsunfähigkeit der Firma verantwortlich, die in der Beschreibung sehr willkürlich erscheint, wenn sie die Firma schließt, sobald diese ihr nicht mehr von Nutzen ist (Z. 24-33). Auf der anderen Seite wirkt die Position der Firma völlig fremdbestimmt, und ihre Schließung erfolgt anscheinend unabhängig von ihrem Erfolg. Durch die Gegenüberstellung von „they" (Z. 32) oder „the government" (Z. 27; 30; 31) und „us" (Z. 33) oder „our" (Z. 32) in Bezug auf die Firma grenzt Frau Müller sich von der Regierung ab, identifiziert sich aber stark mit der Firma. Sie wirkt sehr aufgebracht über die Vorgehensweise der Regierung, was sich in einer schnelleren Sprechweise äußert. So wie die Firma keine Verantwortung für die Schließung trägt, hat auch Frau Müller keinen Anteil daran, dass sie sich eine neue Arbeit suchen muss (Z. 34). Frau Müller spricht in diesem Zusammenhang wieder von sich als Einzelperson, so dass deutlich wird, dass sie auf sich allein gestellt ist. Sie wiederholt, dass sie wegen ihres Alters keinen guten Arbeitsplatz mehr finden kann (Z. 35f.) und verweist damit auf einen Faktor außerhalb ihres Einflussbereichs, der ihre Arbeitssuche erschwert. Es bleibt aber unklar, ob sie nach der Schließung der Firma arbeitslos war oder ihr neuer Arbeitsplatz nicht ihrer Vorstellung einer guten Arbeit entspricht. Sie knüpft an die Möglichkeit an, nach Deutschland zu gehen (Z. 38), wo ihre Berufserfahrung ihrer Meinung nach einen höheren Stellenwert besitzt (Z. 39-46). Durch die Gegenüberstellung von Alter und Erfahrung steigert Frau Müller ihren Wert, da sie für die Erfahrung selbst verantwortlich ist. Außerdem stellt sie sich selbst als Frau dar, die ihre Möglichkeiten nutzt, um die Lage, in die sie ohne eigenes Verschulden hineingeraten ist, zu verbessern. Damit hat sie ihre Entscheidung, nach Deutschland zu gehen, ausreichend begründet und schließt ihre Erzählung mit einem Resümee ab (Z. 48).

Die Sequenz zeigt deutlich, dass die Beziehung zu ihrem Mann nicht der eigentliche Grund für Frau Müller ist, nach Deutschland zu gehen. Sie stellt vielmehr einen glücklichen Umstand dar, der Frau Müller einen Neuanfang ermöglicht. Die eher funktionale Art, ihre Beziehung zu beschreiben, lässt Frau Müller auch in späteren

Erzählungen über Freundschaften erkennen, so dass diese kein Anhaltspunkt für eine weniger tiefe Zuneigung sein muss. Sie spricht mit einer Ausnahme in der gesamten Sequenz sehr ruhig und überlegt, was auf eine anfängliche Distanz zwischen Erzähler und Interviewer zurückzuführen ist. An emotionalen Ausdrucksmitteln fehlt es Frau Müller trotz der fremden Sprache nicht, wie sie im späteren Verlauf des Interviews zeigt.

Der Wunsch nach einem angemessenen Arbeitsplatz, den Frau Müller anspricht, zieht sich als Thematik durch das gesamte Interview genauso wie ihre sehr zielstrebige Haltung, diesen Wunsch zu verwirklichen. Dabei stellt sie Probleme wie den Verlust ihres Arbeitsplatzes als fremdverschuldet dar und begegnet ihnen mit dem Willen zur Verbesserung ihrer Lage, den sie aktiv umsetzt.

So werden in dieser Einleitungssequenz bereits viele wichtige Punkte angesprochen, die ich bei der späteren Analyse wieder aufgreifen werde.

Das Buch gliedert sich in einen kürzeren theoretischen Teil und den längeren Hauptteil. Es beginnt mit einem Überblick über die Situation chinesischer Migranten in Deutschland, in dem ich die historische Entwicklung der chinesischen Minderheit sowie ihre heutige Situation darstelle und auch auf chinesische Migrantinnen eingehe (Kapitel 2). Im zweiten Abschnitt des theoretischen Teils beschreibe ich die methodischen Grundlagen meines Vorgehens (Kapitel 3).

Der Hauptteil umfasst die Auswertung des Interviews mit Frau Müller. Zunächst schildere ich die Aufnahmesituation und stelle Frau Müller kurz vor (Kapitel 4.1). Im Anschluss analysiere ich anhand mehrerer ausgewählter Sequenzen das Interview und fasse die Ergebnisse passagenweise zusammen, wobei ich auch die nicht analysierten Sequenzen mit einbeziehe (Kapitel 4.2). Am Ende der Analyse stelle ich die Ergebnisse anhand meiner fünf Leitfragen dar (Kapitel 4.3).

2. Die Situation der chinesischen Migranten in Deutschland

Da ich Frau Müller weniger als Vertreter des weiblichen Geschlechts, sondern vielmehr unter dem Aspekt ihrer chinesischen Herkunft betrachte, stelle ich in meinem theoretischen Teil die allgemeine Situation chinesischer Migranten dar.

2.1 Begriffliche Grundlagen

Migration steht laut Wenning (1995) für eine „räumliche Bevölkerungsbewegung" (S. 331), die sowohl Binnenwanderung über kurze Entfernungen, als auch Aus- und Einwanderung über weite Distanzen umfasst. In der vorliegenden Studie verwende ich das Wort ‚Migration' für eine Wanderungsbewegung über eine große Entfernung hinweg, wobei ich nicht zwischen Aus- oder Einwanderung unterscheide, da die jeweilige Wortwahl vom Standpunkt des Betrachters abhängt.

Der Begriff ‚Integration' wird von Hansen (1997) u.a. als „Eingliederung von Einzelnen in eine Gruppe durch Anpassung an Wertvorstellungen u. Verhaltensweisen" (S. 212) definiert. Da meine Interviewpartnerin als chinesische Migrantin nach Deutschland gekommen ist, bezieht sich der Begriff im Zusammenhang mit dieser Studie auf die Anpassung einer Person aus dem chinesischen Kulturkreis an deutsche Wertvorstellungen und Verhaltensweisen. Dabei verstehe ich Kultur als „Lebensform einer Gesellschaft, [die] sowohl materielle [...], als auch nichtmaterielle [...] Aspekte enthält" (Koptelzewa 2004, S. 55). Lin-Huber (2006) sieht eine gemeinsame chinesische Kultur sowohl in Festlandchina mit Honkong als auch für Taiwan und die Kolonien chinesischer Migranten in Asien, Amerika und Australien gegeben (S. 33). Deswegen beziehe ich bei meiner Beschreibung zur allgemeinen Situation chinesischer Migranten in Deutschland Chinesen aus allen diesen Regionen mit ein.

2.2 Geschichtlicher Überblick seit 1945

Die Migration von Chinesen in das Gebiet der heutigen Bundesrepublik begann bereits im 19. Jh., und setzte sich bis zum Ende der Weimarer Republik fort. Mit Ausbruch des Zweiten Weltkriegs verließen jedoch die meisten Chinesen das Land oder wurden ausgewiesen (Knödel 1995, S. 121), so dass laut Yü-Dembski (2005) nach Kriegsende nur noch ca. 500 Chinesen in Deutschland verblieben waren, die hauptsächlich in Hamburg, Berlin und Leipzig lebten (S. 46). Von diesen kehrten weitere nach China zurück, um dort die Guomindang oder die KPCh zu unterstützen, während andere in Deutschland blieben und sich eine neue Existenz aufbauten, z.b. mit Chinarestaurants.

Nach der Machtübernahme Mao Zedongs 1949 in Festlandchina flüchteten Angehörige der Guomindang und deren militärische Führer ins Ausland, unter anderem auch nach Deutschland. Da die chinesische Regierung bis in die 1970er Jahre hinein die Ausreise von Chinesen stark unterband und schon der Kontakt zum Ausland als verdächtig eingestuft wurde, kamen in dieser Zeit nur wenige chinesische Migranten aus Festlandchina nach Deutschland. Allerdings trieben die schwierigen wirtschaftlichen und politischen Verhältnisse während des ‚großen Sprungs nach vorn' und der Kulturrevolution einige Chinesen dazu, über Hongkong, Macao und Taiwan illegal das Land zu verlassen (He 2007, S. 37).

Die Mehrheit der chinesischen Migranten in den 1950er und 1960er Jahren kam jedoch aus nichtchinesischen Ländern nach Westdeutschland, weil die gute wirtschaftliche Situation und die günstige Lage auf dem Arbeitsmarkt, auf dem ein Mangel an Arbeitskräften herrschte, eine erfolgreiche Existenzgründung versprachen. Viele Migranten ließen sich in West-Berlin und Hamburg nieder, wo sie vorwiegend im Textilhandel und in der Gastronomie arbeiteten. Die gelockerten Regelungen zur Familienzusammenführung für Gastarbeiter ermöglichte es ihnen, ihre Familie nachzuholen, wodurch auch junge Chinesen nach Westdeutschland gelangten (Yü-Dembski 2005, S. 47).

Seit 1960 stieg die Zahl der Migranten aus Taiwan an, da die beiden Länder den kulturellen und wirtschaftlichen Austausch unterstützten (Groeling-Che 2005, S. 65). Der Zuzug von Taiwanesen nach Westdeutschland setzte sich auch in späteren Jahren kontinuierlich fort. Besonders der großzügige Umgang der taiwanesischen Regierung mit Reisepässen ab 1979 als Reaktion auf die befürchtete Invasion durch die Armee der Volksrepublik China erleichterte den Taiwanesen eine Ausreise (Gütinger 2005, S. 136).

2. Die Situation der chinesischen Migranten in Deutschland 15

In den 1960er und 1970er Jahren waren Auslandschinesen in Südostasien vermehrt Diskriminierung und Verfolgung ausgesetzt, da sie von der einheimischen Bevölkerung wegen ihres beruflichen Erfolgs beneidet wurden. 1965 eskalierte die Situation in Indonesien mit dem Staatsstreich von Suharto. Auch in Vietnam und Burma wurde die chinesische Bevölkerung unterdrückt, und das Regime der Roten Khmer in Kambodscha verfolgte und ermordete Hunderte von Chinesen. Diese Konflikte lösten eine Flüchtlingsbewegung von Auslandschinesen nach Westeuropa und Westdeutschland aus (Nyíri 2007, S. 389-392).

Die politische Öffnung der Volksrepublik China seit 1978 und besonders ein „Gesetz zur Liberalisierung von Reisen ins Ausland" von 1985 (Nyíri 2007, S. 393) ermöglichte vielen Chinesen die Ausreise, so dass sowohl ungelernte Arbeiter als auch qualifizierte Arbeitskräfte, Studenten und Investoren nach Deutschland kamen. Viele der Studenten entschieden sich nach ihrem Studium dazu, in Deutschland zu bleiben. Die politischen Unruhen in der Volksrepublik China und deren gewaltsamen Niederschlagung im Juni 1989 verstärkten diese Tendenz. Die BRD reagierte auf die Unruhen mit einer Verordnung, die „Chinesen, die vor dem Oktober 1990 nach Deutschland kamen, aufgrund der politischen Lage in China" (He 2007, S. 40) einen unbefristeten Aufenthalt zugestand, den viele Chinesen auch in Anspruch nahmen[1]. Knödel (1995) spricht in diesem Zusammenhang von einem „Zuzugs-Boom" (S. 122), den sie für die Menschen aus Festlandchina auf politische Unzufriedenheit, Lockerung der Reisebestimmungen und eine hohe Aktivität von Schleuserbanden zurückführt. Für Migranten aus Taiwan sieht sie dagegen deren steigenden Wohlstand als ausschlaggebend an, der vor allem Studenten und Geschäftsleuten einen Auslandsaufenthalt ermöglicht (S. 122).

Es wird deutlich, dass die chinesischen Einwanderer keine homogene Gruppe bilden. Sie kommen aus den verschiedensten Gründen nach Deutschland und unterscheiden sich durch Herkunft, Bildungsstand und ihre gesetzten Ziele (Yü-Dembski 2005, S. 46-52).

---

[1] Allerdings berichtet Giese, dass sich „in den ersten Jahren nach der Niederschlagung der studentischen Demokratiebewegung im Juni 1989 entgegen aller Erwartungen kein signifikanter Anstieg der Zahl der Asylbewerber aus China" feststellen ließ (Giese 2005, S. 129). Auch Gütinger bestätigt diese Aussage (Gütinger 2005, S. 136).

2.3 Die heutige Situation der chinesischen Migranten in Deutschland

Chinesische Migranten leben über ganz Deutschland verstreut und versuchen auch in kleineren Orten Fuß zu fassen (Yü-Dembski 2005, S. 49). Das Zusammenleben in eigenen Vierteln ist keine Notwendigkeit mehr, da Internet und Handys es ermöglichen, auch über große Distanzen hinweg in Kontakt zu bleiben und Netzwerke zu pflegen, die bei der Arbeits- und Wohnungssuche unterstützen und beraten und Schwierigkeiten abfedern (He, 2007, S. 96f.). Trotz dieser Netzwerke beklagen sich viele Chinesen häufig, „dass sie wie ‚Sandkörner in einer Schüssel' seien, ohne engen Zusammenhalt untereinander, unterschieden nach regionaler Herkunft, Staatsangehörigkeit, politischer oder religiöser Überzeugung" (Gütinger 2005, S. 140)

2.3.1 Die Vielschichtigkeit der chinesischen Bevölkerung in Deutschland

He (2007) unterteilt die chinesische Bevölkerung in Deutschland entsprechend ihrer sozialen Zugehörigkeit in vier Gruppen (S. 86f.).

Die erste Gruppe bilden ältere Unternehmer und Selbstständige. Sie stammen häufig aus Honkong oder Südostasien und haben sich in Deutschland mit einem Supermarkt oder einem Chinarestaurant eine sichere Existenz und einen gewissen Wohlstand erarbeitet. Trotz ihres geringen Bildungsniveaus nehmen sie innerhalb ihres chinesischen Umfelds eine wichtige soziale Stellung ein, haben aber wegen fehlender Sprachkenntnisse und hoher Arbeitsbelastung kaum Kontakt zu Deutschen (He 2007, S. 87; Knödel 1995, S. 123). He (2007) unterscheidet innerhalb dieser Gruppe zwischen Hongkongchinesen und Chinesen aus Südostasien. Während Hongkongchinesen sich sowohl mit Hongkong als auch mit China verbunden fühlen und sich gerne in Vereinen organisieren, haben Chinesen aus Südostasien nur wenig Beziehungen zu China oder Taiwan. Sie können oft neben Kantonesisch auch Kambodschanisch oder Vietnamesisch sprechen und haben nur wenig Interesse an Vereinen (He 2007, S. 99-101).

Die nächste Gruppe sieht He in Studenten und Wissenschaftlern. Auch wenn sie zunächst nur einen zeitlich begrenzten Aufenthalt planen, stehen ihnen durch ihre Bil-

2. Die Situation der chinesischen Migranten in Deutschland

dung und Fachkenntnisse wichtige Faktoren für eine erfolgreiche Integration im Gastland zur Verfügung. Sie kommen zwar mit wenig Einfluss und Kapital nach Deutschland, können dort aber hohe Positionen in der Wirtschaft und anderen Bereichen erlangen (He 2007, S. 87).

Die Studenten werden von Yü-Dembski (2005) als eine „neue Generation der Auslandschinesen" beschrieben, die „mobil, politisch unabhängig" und mit einer „raschen Auffassungsgabe" sowie der Fähigkeit ausgestattet sind, „sich neuen Bedingungen und Situationen anzupassen" (S. 50). Sie kommen mit hohen Erwartungen nach Deutschland, da das Studium an einer westlichen Hochschule einen guten Ruf besitzt und Kenntnisse über zwei unterschiedliche Kultur- und Wirtschaftsräume gute Voraussetzungen für einen Berufseinstieg sowohl in Deutschland als auch in China bieten. Zudem erschien es lange Zeit kostengünstig in Deutschland zu studieren, da keine Studiengebühren erhoben wurden (ebd. S. 50). Auch heute noch liegen die Studiengebühren im Vergleich mit anderen europäischen Staaten im unteren Mittelfeld. Dem stehen allerdings die hohen Lebenshaltungskosten gegenüber, die dazu führen, dass die Studenten ihre Freizeit nutzen, um Geld zu verdienen, und von kostenintensiven Freizeitaktivitäten absehen. Da das Studium in einer Fremdsprache zudem aufwändig ist und viel Zeit erfordert, bleibt ihr Kontakt oft auf die chinesischen Kommilitonen beschränkt, da die Kommunikation mit ihnen keine zusätzliche Anstrengung erfordert und sie sich auf Grund des gemeinsamen kulturellen Hintergrundes besser verstehen (He 2007, S. 101f.). Vor diesem Hintergrund stellt die Unterbringung in einem Studentenwohnheim einen Vorteil dar, da Studenten dort mehr Möglichkeiten haben, sowohl zu Ausländern als auch zu Deutschen Kontakte zu knüpfen (ebd. S. 122).

Die dritte Gruppe fasst He (2007) unter dem Begriff „Flüchtlinge" zusammen. In seinen Ausführungen bezieht er sich aber eher auf illegale Einwanderer, deren „physische Arbeitskraft [...] ihr einziges Kapital ist" und die ein neues Leben beginnen, um „ihre Existenz in Deutschland zu sichern und ihren Lebensstandard in Deutschland sowie in China zu verbessern" (S. 87f.). Erst später nimmt er unter dem Begriff „Wirtschaftsflüchtlinge" auch auf Asylanten Bezug, die er als ungebildete, einfache Arbeiter ansieht (S. 102-104).

Die illegalen Einwanderer werden mit gefälschten Papieren nach Deutschland geschmuggelt oder sie reisen legal als Tourist ein, um anschließend im Zielland unterzutauchen (He 2007, S. 88). Viele von ihnen werden als billige Arbeitskraft von chinesischen Arbeitgebern in Chinarestaurants oder asiatischen Supermärkten eingestellt (ebd. S. 102). Giese (2005) betont die Abhängigkeit dieser Gruppe von ihrem Arbeitgeber. Sie fühlen sich ihm gegenüber moralisch verpflichtet, da er sie bei der Ausreise unterstützt und teilweise sogar die nötigen Geldmittel bereit gestellt hat. Ihre unsichere rechtliche Lage und die Unkenntnis über die Verhältnisse im Gastland verschärfen ihre Situation, so dass sie nicht selten unter schlechten Arbeits- und Lebensbedingungen zu leiden haben (S. 191-195). Sie teilen sich mit ihren chinesischen Arbeitskollegen eine Wohnung oder leben mit der Familie ihres Arbeitgebers zusammen, so dass sie nur selten in Kontakt mit Deutschen kommen (He 2007, S. 122). Viele chinesische Einwanderer aus dieser Gruppe stammen aus der Provinz Zhejiang[2] (Giese 2005, S. 105; 113). Sie hatten schon vor der Einreise innerhalb ihrer Gruppe viele Kontakte und pflegen ein aktives Sozialleben. In Ermangelung deutscher Sprachkenntnisse können sie kaum mit Deutschen kommunizieren, unterstützen sich aber gegenseitig mit Informationen und Ratschlägen (He 2007, S. 103).

Als letzte Gruppe führt He (2007) die „neuen Unternehmer" an (S. 89). Sie verfügen über ausreichend Kapital, um in Deutschland zu investieren und eine neue Existenz zu gründen. Neben der Tätigkeit in der Gastronomie und im Handel steigt auch ihre Aktivität in den Sektoren Reise, Versicherung, Beratung und Übersetzung (ebd. S. 89) Im Gegensatz zu den älteren Unternehmern sprechen diese jungen Festlandchinesen meist Hochchinesisch und müssten erst Kantonesisch erlernen, um von den Netzwerken der älteren Generation profitieren zu können. Allerdings hat sich in den letzten Jahren ein eigenes Netzwerk junger Unternehmer mit Hochchinesisch als Kommunikationssprache entwickelt. Innerhalb dieser Gruppe gibt es außerdem Chinesen aus Fujian und Zhejiang, die sich durch ihren Dialekt von den jungen Unternehmern abgrenzen und wiederum ein eigenes Netzwerk und eigene Vereine bilden (ebd. S. 99-101).

Die Einteilung, die He (2007) vornimmt, erscheint mir plausibel. Die Gruppe der Studenten und Wissenschaftler und die illegalen Einwanderer lassen sich gut abgrenzen und werden auch von anderen Autoren (vgl. Yü-Dembski 2005; Giese 2005) als

---

[2] He spricht auch von Einwanderern aus der Provinz Fujian (S. 102). Giese erwähnt diese auch, sagt aber, dass sie nur in geringer Zahl anzutreffen sind und sich „in der Regel nur auf der Durchreise" (S. 113-114) befinden.

2. Die Situation der chinesischen Migranten in Deutschland   19

Gruppen behandelt. Allerdings fällt es mir schwer, Frau Müller einer der vier Gruppen zuzuordnen, da sie zwar über eine gute Ausbildung verfügt, aber weder ein eigenständiges Unternehmen gegründet hat noch zu den Wissenschaftlern zählt.

2.3.2 Die Alltagssituation chinesischer Migranten

Unter dem Aspekt des alltäglichen Lebens der Migranten in Deutschland greift He (2007) zunächst einmal das Essen auf, das in der chinesischen Kultur einen besonderen Stellenwert einnimmt. Viele Chinesen können oder wollen sich nicht an das deutsche Essen gewöhnen und kochen sich selbst chinesisches Essen oder gehen in ein Chinarestaurant. Eine Ausnahme bilden dabei die Studenten, die auch regelmäßig ihre Mahlzeiten in der Mensa einnehmen (S. 121).

Wegen der starken Inanspruchnahme durch Studium oder Arbeit haben chinesische Migranten in Deutschland in der Regel wenig Freizeit. Sie nutzen die Abende und Wochenenden zu kurzen Besichtigungsreisen und Verwandtenbesuchen oder gehen zum Essen aus (Knödel 1995, S. 131).

Laut He (2007) stellen große Urlaubsreisen für Chinesen etwas Besonderes dar. Sie fliegen zurück in die Heimat, um Verwandte und Freunde zu besuchen, oder nutzen die europäischen Urlaubsländer wie Spanien, Frankreich oder die Niederlande, um sich von ihrem stressigen deutschen Alltag zu erholen. Genau wie in Hamburg, Berlin und Düsseldorf finden sie dort eine vergleichsweise große chinesische Gemeinschaft vor und können so ein Stück Heimat genießen, ohne das Geld für einen Flug nach China ausgeben zu müssen (S. 127).

Eine weitere beliebte Freizeitbeschäftigung ist das Glücksspiel in Kasinos oder mit Bekannten an Mah-Jongg-Tischen. Allerdings kann sich aus dem Spiel schnell eine gefährliche Sucht entwickeln, wenn es dazu dient, Heimweh und Einsamkeit zu verdrängen. Zur Finanzierung des Glücksspiels verschulden sich viele Spieler und treiben sich selbst in den Ruin (He 2007, S. 127-129).

Das Zusammenleben verschiedener Generationen in einer Migrantenfamilie führt oft zu Konflikten. He (2007) beschreibt das Leben in der ersten, zweiten und dritten Generation einer traditionellen chinesischen Familie, also von Großeltern, Eltern und Kindern. Die ältere Generation ist in der chinesischen Tradition verwurzelt und will diese auch an die Kinder weitergeben. Die Kinder wachsen mit der deutschen Kultur auf, so dass die Denkweise ihrer Eltern ihnen oft fremd ist und sie sie nicht mehr als Verhaltensnorm für das eigene Leben akzeptieren (S. 123f.). Sie orientieren sich an ihren deutschen Altersgenossen und treffen Entscheidungen über ihre Berufs- oder Partnerwahl selbstständig. Vor allem dann, wenn sie aus der Wohnung der Eltern ausziehen, um ein eigenes Leben zu führen, ist das für die Eltern schwer zu akzeptieren (Knödel 1995, S. 126).

In den meisten chinesischen Familien hat Bildung einen hohen Stellenwert, da sie auch in China den Schlüssel zum beruflichen und gesellschaftlichen Erfolg darstellt. Deswegen halten die Eltern ihre Kinder in der Regel zum Lernen an. Allerdings gibt es nach He (2007) auch einige ältere Chinesen, die die Notwendigkeit einer schulischen Ausbildung nicht einsehen und ihre Kinder dazu drängen, direkt bei der Arbeit im Restaurant oder im Laden mitzuhelfen (S. 114).

Da viele Eltern die deutsche Sprache nicht gut beherrschen und wenig über Deutschland wissen, können sie ihre Kinder nur wenig unterstützen. He (2007) weist außerdem auf die meist beengten Wohnverhältnisse und die häufig schwierige finanzielle Lage der Familien hin, die dazu führt, dass beide Eltern in Vollzeit beschäftigt sind. Trotz dieser schlechten Voraussetzungen beenden die meisten Kinder die Schule erfolgreich, ziehen dann aber die Arbeit dem Studium vor, das ihnen langwierig und mühsam erscheint (S. 114).

Sowohl He (2007) als auch Knödel (1995) sprechen außerdem die chinesischen Sprachschulen an, die die Kinder chinesischer Migranten nachmittags oder am Wochenende zusätzlich besuchen (Knödel 1995, S. 131). Dort wird ihnen die chinesische Kultur, Geschichte und Sprache vermittelt. Allerdings sind diese Sprachschulen sehr klein, und oft muss ein Lehrer in einer Klasse Kinder unterschiedlichen Alters unterrichten. Zudem sind die Lehrer häufig nicht professionell ausgebildet und es mangelt an gutem Lehrmaterial. Trotzdem werden in diesen Schulen wichtige Grundlagen vermittelt, die eine eventuelle spätere Reintegration in den chinesischen Kulturraum ermöglichen. Die Schule ist gleichzeitig ein wichtiger Treffpunkt für ältere Chinesen und bildet eine Anlaufstelle für offizielle Vertreter der chinesischen Regierung, um in Kontakt mit Auslandschinesen zu treten (He 2007, S. 117-119).

2.4 Chinesische Migrantinnen in Deutschland

Die Autoren trennen zwar generell nicht zwischen weiblichen und männlichen Migranten, heben aber vereinzelt speziell weibliche Migranten hervor. Anhand dieser Textstellen möchte ich im Folgenden einige Fakten über weibliche Migranten zusammentragen.

Die ersten Chinesinnen kamen als Ehefrauen chinesischer Seefahrer Anfang des 20. Jh. nach Deutschland. Laut He (2007) erlaubten die europäischen Händler, „dass die Ehefrauen der chinesischen Seeleute auf dem Schiff als Aushilfe beschäftigt wurden", da sie für die Männer unentgeltlich „kochten, putzten und nähten" (S. 35). Wenn Krankheit oder Schwangerschaft sie an der Weiterreise hinderten, blieben sie in den Hafenstädten zurück und kamen mit einem späteren Schiff nach. Zunächst betraf das nur einzelne Frauen, aber in Hamburg stieg die Zahl der Chinesinnen, die von dieser Situation betroffen waren, so dass sie begannen, sich gemeinsame Unterkünfte zu suchen (He 2007, S. 35). Als sich die Seeleute nach und nach dauerhaft in Hamburg niederließen, halfen deren Frauen im Haushalt oder waren handwerklich tätig (He 2007, S. 35).

Der Anteil der Frauen unter der chinesischen Minderheit in Deutschland war allerdings laut Groeling-Che (2005) bis kurz nach dem Zweiten Weltkrieg nur minimal, da sie in China traditionell an den Haushalt gebunden waren und „nicht mit ins Ausland reisen [durften]" (S. 60).

Erst nach dem zweiten Weltkrieg kamen chinesische Frauen in größerer Anzahl eigenständig nach Deutschland. Sowohl Yü-Dembski als auch He berichten von Taiwanesinnen, die in den 1960er und 1970er Jahren von Deutschland angeworben wurden, um als Krankenschwestern zu arbeiten (Yü-Dembski 2005, S. 47-48; He 2007, S. 108-109). Außerdem schrieben sich vermehrt chinesische Studentinnen an den deutschen Hochschulen ein, von denen mehrere später einen Deutschen heirateten und so in Deutschland blieben (vgl. Yü-Dembski 2005, S. 47; He 2007, S. 108; 110).

Obwohl es jüngeren Chinesinnen leicht fällt, „sich zu integrieren und neue Arbeitsfelder, z.B. in der Bildung zu besetzen" (Yü-Dembski 2005, S. 52), sind sie oft im Gastronomiebereich tätig. In einer Studie von Groeling-Che zur ‚Situation chinesischer Gastronomen in Deutschland' mit etwa 70 Befragten gab „ein hohe[r] Anteil an Frauen [...] im Allgemeinen als Einreisegrund zunächst die Ausbildung" (S. 52) an.

Sie arbeiten jedoch nebenbei in Chinarestaurants, um ihre Ausgaben zu finanzieren, und sammeln auf diese Weise Erfahrungen, die ihnen später bei der Eröffnung eines eigenen Restaurants von Nutzen sind. He (2007) hat beobachtet, dass in den Gastronomiebetrieben Frauen häufig eine höhere Bildung haben als ihre Ehemänner. Die Verantwortung für den Haushalt und ihre Kinder hindern sie aber daran, in einen anderen Beruf zu wechseln (S. 98). Zudem ist die Arbeitskraft der Frauen oft ein wichtiger Faktor für den Erfolg von Familienbetrieben (Groeling-Che 2005, S. 60), wobei die doppelte Belastung durch Beruf und Haushalt nicht selten zu großen Spannungen in der Ehe führt (He 2007, S. 135-137). Da Scheidungen unüblich sind, suchen auch die Frauen einen Ausgleich im Glücksspiel (He 2007, S. 128).

3. Methoden der qualitativen Sozialforschung

Diese Studie beruht auf den Grundsätzen der qualitativen Forschung. Die qualitative Forschung stellt das Verstehen des Einzelfalls in seinem alltäglichen Kontext in den Mittelpunkt und ist nicht darauf ausgerichtet, allgemeingültige Ergebnisse zu erhalten (Mayring 2000, S. 17f.). Eine große Offenheit der Methoden und deren Anpassung an den zu untersuchenden Gegenstand ermöglichen es, komplexe Zusammenhänge zu erforschen und nachzuvollziehen. Da sowohl der Forscher als auch die gegebenen Umstände wie Zeit, Ort und Stimmungslage einen Einfluss auf die Datenerhebung haben, sind deren Ergebnisse immer situationsspezifisch zu betrachten, und der Forscher ist zu einer Haltung der Reflexivität angehalten, die auf die Berücksichtigung seines eigenen Einflusses in den Untersuchungen abzielt. (Flick 1996, S. 13-16).

Da diese Studie Teil eines größeren Projektes ist, ist die Auswahl der Interviewten auf weibliche Migranten begrenzt. Die Erhebungsform der Daten mittels eines narrativen Interviews ergibt sich daraus, dass sich die Migration als Teil der Lebensgeschichte gut erzählen lässt. Die Vorteile eines solchen Interviews bestehen darin, dass der Einfluss des Interviewers möglichst gering gehalten wird, so dass die Erzählerin über die Situationen berichtet, die sie selbst als relevant empfindet, und diese auch so darstellt, wie sie sie erfahren hat. Außerdem führt die Notwendigkeit, einen Sachverhalt erzählerisch darzustellen, dazu, dass mehr Informationen gegeben werden, als es bei anderen Interviews der Fall wäre (Flick 1996, S. 118f.). Flick (1996) spricht in diesem Zusammenhang von Erzählzwängen, die die Erzählerin dazu bringen, ihre Geschichte zu Ende zu erzählen, sie zu verdichten und nötige Hintergrundinformationen zu liefern (S. 118). Im Rahmen dieser Studie, deren Einzelfall in eine größere Gesamtheit eingeordnet wird, ist ein einzelnes Interview ausreichend.

3.1 Das narrative Interview

Das narrative Interview wurde zuerst von Schütze 1977 im Zuge einer Studie über kommunale Machtstrukturen vorgestellt (Hopf 2000, S. 355). Es gibt dem Erzähler genügend Freiraum, um einen Teil seiner Lebensgeschichte nach seinen Vorstellungen zu rekonstruieren und dabei selbst zu entscheiden, was von Bedeutung ist und wie er es darstellt (Schlehe 2003, S. 77f.).

Das Interview gliedert sich in drei Phasen. Auf die ‚erzählgenerierende Eröffnungsfrage', die möglichst offen gehalten wird, aber gleichzeitig dem Erzähler den Anfang erleichtern soll, folgt eine lange Spontanerzählung, in der der Erzähler seine Lebensgeschichte darstellt. Anschließend hat der Interviewer die Möglichkeit, während des ‚tangentialen Nachfrageteils' auf bestimmte Aussagen des Erzählers einzugehen und die für ihn interessanten Aspekte zu vertiefen. Im ‚Bilanzierungsteil' stellt der Interviewer schließlich konkrete Fragen, die für seine Forschungsfrage wichtig sind (Lucius-Hoene, Deppermann 2004, S. 295-297; Flick 1996, S. 116f.).

Eine Einführung in die praktischen Anforderungen eines Interviews gibt Helfferich (2005). Sie betont die Notwendigkeit, das Interview nicht nur vor dem Hintergrund des Erfahrungshorizontes des Erzählers zu analysieren, sondern auch die Verstehensleistung zwischen Interviewer und Erzähler im Verlauf des Interviews mit einzubeziehen. Damit legt sie den Schwerpunkt auf die Interaktion während des Interviews, die sie auf vier Grundprinzipien aufbaut (S. 21f.).

Das ‚Prinzip Kommunikation' (ebd. S. 67) bezieht sich darauf, dass die Interviewsituation immer aus einer Kommunikationssituation zwischen Interviewer und Erzähler besteht. Auch beim narrativen Interview richtet der Erzähler seine Erzählung an den Interviewer und kommuniziert mit ihm über verbale und nonverbale Signale, so dass das Interview am Ende ein Ergebnis aus der Interaktion der beiden Akteure ist (ebd. S. 67f.).

Nach dem ‚Prinzip Offenheit' (ebd. S. 100) muss dem Erzähler Raum gegeben werden, damit er selbst die Kommunikation nach seinem eigenen Relevanzsystem strukturiert. Dabei ist es notwendig, dass der Interviewer sich seines Vorwissens, seiner Aufmerksamkeitshaltung und seines steuernden Einflusses bewusst ist und in diesem Wissen seine Handlungen kontrolliert und reflektiert (ebd. S. 100-103).

Das ‚Prinzip Fremdheit' (ebd. S. 116) verlangt von dem Interviewer die Zurückstellung seines eigenen Bezugsystems. Er geht davon aus, dass der Erzähler seinen Äußerungen einen eigenen Sinn gibt und versucht diesen über dessen Logik zu verstehen. Das ist besonders auch bei einem unterschiedlichen kulturellen Hintergrund zwischen Interviewer und Erzähler wichtig (ebd. S. 116-118).

3. Methoden der qualitativen Sozialforschung

Das ‚Prinzip Reflexivität' (Helfferich 2005, S. 140) bedeutet für die Interviewsituation, dass der Interviewer um seine Haltung und seinen Einfluss weiß, so dass er ihn kontrolliert einsetzt und bewusst in seine Handlungen mit einbezieht (ebd. S. 140). Helfferich (2005) bietet verschiedene Übungen an, die diese Prinzipien vergegenwärtigen sollen. Sie geht auf die unterschiedlichen Vorstellungen von Erzähler und Interviewer ein, schult das Zuhören und das Fragenstellen und macht Hintergründe bewusst, vor denen Interaktionen ablaufen.

3.2 Auswertungsverfahren

Die aus dem Interview gewonnenen Daten betrachte ich sowohl inhaltlich als auch gesprächsanalytisch. Dabei gehe ich zunächst von den Aussagen von Frau Müller aus, um ihre Sichtweise zu rekonstruieren, und nehme erst danach auf andere Quellen Bezug, in denen sich die angesprochenen Themen wiederfinden lassen. Dieses Vorgehen wird sowohl von Mayring (2000) zur der induktiven Kategorienbildung (S. 74f.) als auch von Lucius-Hoene und Deppermann (2004) vorgeschlagen (vgl. S. 95f.).

Bei der Analyse gelten ähnliche Prinzipien wie bei der Datenerhebung. Das Prinzip ‚Offenheit' ist die Grundvoraussetzung, um sich auf die Themen des Erzählers einzulassen. Die ‚methodische Fremdheit' verlangt die Zurückstellung eigener Deutungsmuster, so dass die relevanten Themen den Aussagen des Erzählers entnommen werden. Trotzdem ist Hintergrundwissen erforderlich, um den von dem Erzähler angesprochenen Kontext zu verstehen. Aus diesem Grund ist ein reflektierter Umgang mit diesem Wissen notwendig, damit es dort eingesetzt wird, wo es eine sinnvolle Ergänzung zu den Aussagen des Erzählers darstellt (vgl. Deppermann 2008, S. 84-90). Damit ist auch das Prinzip der Reflexivität angesprochen, das ebenso die bewusste Deutung der Beeinflussung durch den Interviewer während des Interviews mit einschließt (Helfferich 2005, S. 140f.).

3.2.1 Situationsbeschreibung

Da die Interaktion während eines Interviews immer auch von der Interviewsituation und dem Vorwissen sowohl des Erzählers als auch des Interviewers abhängt, gehe ich vor der eigentlichen Auswertung darauf ein. Außerdem stelle ich Frau Müller vor und beschreibe den Verlauf der Kontaktaufnahme und des Besuchs für das Interview. Ich stütze mich dabei auf ein Protokoll, in dem ich direkt im Anschluss an das Interview meine ersten Eindrücke festgehalten und Besonderheiten vermerkt habe.

3.2.2 Grobstruktur

Bei der Wiedergabe seiner Immigrationsgeschichte steht der Erzähler vor der Aufgabe, einen langen Zeitraum wiederzugeben. Dabei gibt er der rein zeitlichen Abfolge von Ereignissen durch ihre Strukturierung einen Sinn, der die Geschehnisse für den Zuhörer nachvollziehbar macht. Die Gesamtdarstellung unterteilt der Erzähler in Abschnitte, die er zu Geschichten ausbaut, indem er deren Inhalt auswählt, in eine Reihenfolge bringt und Zusammenhänge herstellt. Lucius-Hoene und Deppermann (2004) sprechen von ‚Segmentierung', ‚Selektion' ‚Linearisierung' und ‚Bedeutungszuweisung' (S. 20f.). Um den Sinn zu verstehen, den der Erzähler seinen Darstellungen gibt, deckt der Forscher eben jene Struktur auf, die dessen Erzählungen zu Grunde liegt (Lucius-Hoene, Deppermann 2004, S. 109-114; S. 318). Bei der Analyse des Interviews mit Frau Müller grenze ich die einzelnen Segmente vor allem anhand thematischer und zeitlicher Aspekten voneinander ab.

Eine weitere Erkenntnismöglichkeit bietet die Betrachtung, wie Frau Müller mit der Zeit umgeht. Da sie von ihrem heutigen Standpunkt aus über Ereignisse aus der Vergangenheit erzählt, weiß sie bereits, wie die Situation sich weiterentwickelt hat, so dass sie über einen erweiterten Erfahrungshorizont verfügt. Dieses Wissen kann sie in ihre Darstellung mit einbeziehen, gleichzeitig hat sie aber auch die Möglichkeit, ihre damalige Sichtweise wiederzugeben. Lucius-Hoene und Deppermann (2004) sprechen in diesem Zusammenhang von einer ‚doppelten Zeitperspektive'. Sie leiten aus dieser doppelten Zeitperspektive eine ‚Verdoppelung des Ich' ab und unterscheiden zwischen einem ‚erzählenden Ich', das sich auf den jetzigen Standpunkt des Erzählers bezieht, und einem ‚erzählten Ich', das der Person des Erzählers in der Vergangenheit entspricht (S. 24-29; 115-117).

Um die Entwicklung ihrer Immigration über einen großen Zeitraum hinweg darzustellen, muss Frau Müller zeitliche Abläufe erzählerisch darstellen. Dabei gibt es Unterschiede, wie ausführlich sie die einzelnen Abschnitte behandelt und in welcher Reihenfolge und Häufigkeit dies geschieht. Eine geraffte oder detaillierte Schilderung

3. Methoden der qualitativen Sozialforschung

gibt über das zeitliche Empfinden von Frau Müller Auskunft und lässt bedeutende Erlebnisse erkennen. Allerdings ist mein Einfluss als Interviewerin zu berücksichtigen, da ich Frau Müller durch Nachfragen dazu angeregt habe, Situationen ausführlicher zu beschreiben oder zeitlich zurückzuspringen (vgl. Lucius-Hoene, Deppermann 2004, S. 80f.; 117-126).

Im nächsten Abschnitt soll die thematische Abfolge des Interviews im Mittelpunkt stehen. Die offene Fragestellung bei einem narrativen Interview ermöglicht es dem Erzähler, selbst eine Auswahl zu treffen, welche Themen er anspricht, und diesen so Bedeutung für seine Erzählung zu geben (ebd. S. 127). Frau Müller hat allerdings meistens direkt auf Fragen geantwortet und nur selten selbstständig das Thema gewechselt. Auch die Haupt- und Nebenerzählstränge wurden weitestgehend von mir als Interviewerin vorgegeben, so dass ich auf diese Aspekte nicht näher eingehen möchte.

Um seine Erzählung zu gestalten, stehen dem Erzähler verschiedene Muster zur Verfügung, die er im Laufe seines Lebens durch die Erzählungen anderer erlernt hat. Sie transportieren nicht nur den eigentlichen Inhalt der Geschichte, sondern sprechen auch Normen und Moralvorstellungen an, die in der Kultur des Erzählers verankert sind (ebd. 2004, S. 42f.). Dadurch kann der Erzähler die Personen in seiner Erzählung auf eine moralische Grundlage stellen, ohne diese explizit anzusprechen (ebd. S. 65-67). Da Frau Müller aus dem chinesischen Kulturraum stammt, verwendet sie auch dessen Muster. Ich möchte mich bei der Analyse darauf beschränken, diese Muster herauszuarbeiten und darzustellen, wie sie der Erzählung Ausdruck verleihen, unterlasse es aber, sie vor dem Hintergrund ihrer kulturellen Normen und Moralvorstellungen aufzuarbeiten.

Die Perspektive, aus der Frau Müller erzählt, gibt Aufschluss über ihre Einstellung zu der jeweiligen Situation. Durch das Nachempfinden von Emotionen hat der Erzähler die Möglichkeit, aus der Innenperspektive seines erzählten Ichs heraus Situationen auch für den Zuhörer erlebbar und nachvollziehbar zu machen. Dabei muss unterschieden werden zwischen nachgespielten Emotionen, die vom Erzähler kontrolliert eingesetzt werden, und tatsächlich empfundenen Emotionen, die während der Erzählung entstehen und den Erzähler vereinnahmen. Durch die Emotionen kommt gleichzeitig eine Wertung der Geschehnisse zum Ausdruck, die den Standpunkt des Erzählers aus heutiger Sicht erkennen lässt. Wählt er dagegen die Außenperspektive, um seine Erlebnisse darzustellen, vermittelt er den Eindruck von Neutralität und Objektivität, indem er dem Zuhörer die Meinungsbildung überlässt (Lucius-Hoene, Deppermann 2004, 38-40). Es handelt sich um Beschreibungen, die zwar von den Erlebnissen des Interwieten handeln, in denen aber nur distanziert, wie aus der Sicht eines Betrachters, das Geschehen erzählt wird (ebd. S. 136-139).

In dem Interview mit Frau Müller finden sich auch Abschnitte, in denen sie nicht über sich selbst erzählt, sondern allgemeine Sachverhalte darstellt oder über den Akteur ihrer Geschichte mit „you" oder „they" spricht. Diese Erzählungen hängen möglicherweise auch mit den Erfahrungen von Frau Müller zusammen, bekommen durch ihre Verallgemeinerung aber eine höhere Relevanz.

Ein narratives Interview besteht nicht nur aus Erzählungen, sondern beinhaltet auch Beschreibungen und Argumentationen. Je nachdem, welche Art der Darstellung der Erzähler wählt, kann er damit seinen Standpunkt begründen und erklären, den Ablauf eines Ereignisses schildern oder Sachverhalte zeitunabhängig darstellen (ebd. S. 142-145; 160-162). Bei der Auswahl der Sequenzen, die ich genauer untersuchen werde, konzentriere ich mich auf Erzählungen und fasse die dazwischenliegenden Beschreibungen und Argumentationen kurz zusammen, da es mir vor allem um die Erfahrungen geht, die Frau Müller bei der Integration gemacht hat.

3.2.3 Induktive Kategorienbildung

Bei der Analyse des Inhalts gehe ich nach der Methode der ‚induktiven Kategorienbildung' nach Mayring (2000) vor (S. 74-76). Ihr liegt die Vorstellung einer „möglichst naturalistischen, gegenstandsnahen Abbildung des Materials ohne Verzerrungen durch Vorannahmen des Forschers" (ebd. S. 75) zu Grunde, so dass sie von den Aussagen des Erzählers ausgeht und damit den Prinzipien der Offenheit und der methodischen Fremdheit entspricht. Dennoch ist es notwendig, mit einer Fragestellung an den Text heranzutreten. Aus meiner Forschungsfrage ergeben sich drei inhaltliche Fragestellungen:

- Welche Vorstellungen und Bilder verbindet Frau Müller mit Deutschland?
- Welche Probleme sind in Deutschland aufgetreten und wie ging Frau Müller mit ihnen um?

3. Methoden der qualitativen Sozialforschung

- Welche kulturellen Unterschiede erkennt Frau Müller zwischen Deutschen und Chinesen?

Durch die Beantwortung dieser Fragen im Gesamttext ergeben sich verschiedene Kategorien, die für Frau Müller von Bedeutung sind. Anhand dieser Kategorien und im Zusammenhang mit den Ergebnissen der groben Strukturanalyse wähle ich die Sequenzen aus, die ich im Detail analysiere.

3.2.4 Sequenzanalyse

Da die induktive Kategorienbildung nur die inhaltlichen Aspekte des Interviews betrachtet und damit auch die oben genannten Leitfragen den interaktiven Aspekt nicht berücksichtigen, möchte ich in die Sequenzanalyse zusätzlich die Selbstdarstellung von Frau Müller und ihre Beziehung zu mir als Interviewerin aufnehmen.

Dabei beziehe ich mich auf die Darstellungen von Lucius-Hoene und Deppermann (2004), die autobiographisches Erzählen als „interaktive Arbeit an der Identität verstehen" (S. 56) und damit einen Positionierungsprozess während des Interviews unterstellen. Dieser findet auch bei einer normalen Unterhaltung statt, wird aber im narrativen Interview um die Ebene der doppelten Zeitperspektive und die Verdoppelung des Ichs des Erzählers erweitert. So findet eine Positionierung sowohl in Bezug auf den Erzähler und den Interviewer statt als auch zwischen dem erzählten Ich und seinem Gegenüber in der Erzählung (S. 196-212).

Die Analyse der einzelnen Sequenzen beruht auf einem Dreierschritt. Die Beschreibung des Inhalts der Sequenz bietet die Möglichkeit, Bezüge und Anspielungen durch Vermittlung des relevanten Kontexts verständlich zu machen und auf unverständliche oder mehrdeutige Aussagen hinzuweisen, die dadurch entstehen, dass Frau Müller sich selbst unterbricht, Gedankenfetzen einschiebt und Bezüge nicht eindeutig sind.

Die folgende Interpretation beschäftigt sich damit, wie Frau Müller ihrem Text die gewollte Bedeutung verleiht, welche Bedeutung das ist und was sie unbewusst andeutet. Nach Deppermann (2008) ist unter anderem die Art und Weise, wie die Erzählung durch Prosodie und Stilistik gestaltet wird, sehr aufschlussreich. Er weist darauf hin, dass die Merkmale im Verhältnis zu dem Text in der restlichen Sequenz betrachtet werden müssen, da nur so ihre Bedeutung beurteilt werden kann (S. 56-58).

Bei Lucius-Hoene und Deppermann (2004) finden sich genauere Ausführungen zu den Verfahren, mit denen der Erzähler sein Interview gestaltet. Die Autoren gehen ausführlich auf Deskription, Stimmen und Perspektiven, Argumentation, Interaktionssteuerung und Reaktionen auf Intervieweraktivitäten ein (S. 213-270). Ein wichtiger Aspekt, der im Interview häufiger vorkommt, ist die Dialogwiedergabe (ebd. S. 230-236), durch die der Erzähler die Figuren seiner Geschichte charakterisieren kann. Als sehr nützlich hat sich auch die Darstellung erwiesen, wie der Erzähler durch den Bezug auf gemeinsames Wissen und durch Rückversicherungen die Beziehung zum Interviewer aufbaut (ebd. S. 257-261).

Einige Untersuchungskriterien, die ich bereits bei der Analyse der Grobstruktur thematisiert habe, können auch auf die Sequenzanalyse angewendet werden. Dazu gehören etwa die Perspektive, die Frau Müller einnimmt oder die Muster, die sie verwendet. Ein weiterer wichtiger Aspekt ist der Einfluss, den meine Fragen auf die Antworten von Frau Müller haben und welche Folgeerwartungen damit verknüpft sind. Auch durch die Aussagen von Frau Müller entstehen Folgeerwartungen, die ebenfalls von Bedeutung sein können (vgl. Deppermann 2008, S. 68; Lucius-Hoene, Deppermann 2004, S. 193).

Der dritte Schritt der Sequenzanalyse umfasst eine übergreifende Bewertung, bei der ich die Aussagen mit denen anderer Sequenzen in Beziehung setzte und auch externes Wissen heranziehe. Dabei orientiere ich mich zwar am Ablauf des Interviews und gehe sequenziell vor, greife aber im Hinblick auf das aus der Kategorisierung erworbenen Wissens auch auf spätere Sequenzen vor.

4. Das Interview

Bei dem Material, das dieser Studie zu Grunde liegt, handelt es sich um ein Interview, das ich als Studentin der Westsächsischen Hochschule mit Frau Müller, einer chinesischen Migrantin, geführt habe. Die Transkription richtet sich nach dem ‚Gesprächsanalytischen Transkriptionssystem' (GAT) nach Lucius-Hoene und Deppermann (2004, S. 309-316). Der gesamte Interviewtext liegt als grobe Transkription vor, in der nur das Gesagte festgehalten ist. Die Sequenzen, die ich genauer auswerte, sind mit Pausen, Betonungen und Tonlagen erfasst. Alle Namen, Orte und Daten wurden sowohl im Transkript als auch im Analysetext geändert, um die Anonymität der Interviewten zu gewährleisten.

4.1 Vorstellung der Interviewpartnerin

Frau Müller wurde 1965 geboren. Sie hat in China Maschinenbau studiert und eine Ausbildung als Kauffrau im Außenhandel absolviert. Ihren deutschen Mann hat sie während der Arbeit für eine internationale Firma in C-Stadt kennengelernt. Sie haben im Juli 2003 geheiratet, wobei sie einen Sohn aus ihrer geschiedenen ersten Ehe mitbrachte. Mit der Hochzeit verband sich der erste Aufenthalt von Frau Müller in Deutschland, der zwanzig Tage dauerte. Sie fuhr im August 2003 zurück nach China und kam erst im Dezember 2003 wieder nach Deutschland. Im Februar 2004 begann sie Deutsch an der Volkshochschule zu lernen, unterbrach ihren Unterricht aber im Juli 2004, um ihren Führerschein zu machen, den sie im Juni 2005 bekam. 2005 suchten die Eheleute ein neues Haus und Frau Müller arbeitete vor ihrem Einzug 2006 schon oft auf dem Grundstück und am Haus. 2007 nahm Frau Müller ihre Deutschkurse wieder auf und fand eine Arbeit in M-Stadt, wo sie aber große Probleme mit ihren Vorgesetzten hatte. Deswegen arbeitet sie jetzt bei einer anderen Firma in H-Stadt, wo sie im internationalen Management tätig ist.

Zu dem Interview hat sie sich nach eigenen Angaben bereit erklärt, weil wir eine gemeinsame Freundin haben, die mir ihre Kontaktdaten vermittelt hat. Sie wird im Interview ‚Raphaela' genannt. Durch diese gemeinsame Freundin wusste Frau Müller, dass ich ein Jahr in China war und wie mein Studium in etwa aufgebaut ist.

Mein Vorwissen beschränkte sich darauf, dass Frau Müller bereits seit einigen Jahren in Deutschland lebt und in China schon einmal verheiratet war. Aus dieser Ehe hat sie ihren Sohn mitgebracht. Außerdem kannte ich einige Situationen aus früheren Erzählungen Raphaelas, die aber im Interview nicht zur Sprache kamen.

4.2 Aufnahmesituation

Nachdem Raphaela mir die Kontaktdaten von Frau Müller gegeben hatte, stellte ich mich Frau Müller zunächst per E-Mail vor und beschrieb das Projekt. Da ich darauf keine Antwort erhielt, ließ ich mir ihre Bereitschaft zu einem Interview telefonisch bestätigen und vereinbarte einen Termin.

Vor dem eigentlichen Interview führte ich zwei Probeinterviews mit ausländischen Studenten durch, um die Verständlichkeit der Fragen für Nicht-Muttersprachler zu testen und die erlernten Techniken zu üben.

Das Interview mit Frau Müller fand bei ihr zu Hause statt. Als ich eintraf, bekam ich eine Diskussion zwischen Mutter und Sohn mit, die auf Chinesisch geführt wurde. Dieser Konflikt zog sich bis zu Beginn unseres Interviews hin. Nachdem Frau Müller mich begrüßt und in ein Zimmer geführt hatte, telefonierte sie kurz und gab dann das Telefon an ihren Sohn weiter. Wir begannen mit dem Interview, aber etwa sieben Minuten später betrat ihr Sohn erneut den Raum, so dass wir das Interview unterbrachen und die Mutter noch einmal zwei Minuten telefonierte.

Frau Müller hatte für das Interview das Arbeitszimmer der Familie ausgewählt, in dem zwei Stühle, ein Schreibtisch mit einem Computer und verschiedene Regale standen. Wir saßen uns diagonal gegenüber in Reichweite des Schreibtisches, so dass dieser mit in die Sitzhaltung von Frau Müller einbezogen wurde und wir unsere Getränke darauf abstellen konnten.

Im Vorfeld hatte ich neben wichtigen Dokumenten auch einen Fragenkatalog auf Deutsch vorbereitet, für den mir die von Lucius-Hoene und Deppermann (2004) beschriebenen drei Phasen eines narrativen Interviews als Grundlage dienten. Auf Wunsch von Frau Müller entschieden wir aber spontan, das Interview auf Englisch zu führen, so dass ich meine Fragen frei übersetzt habe.

Ich stellte zunächst in einer kurzen Einführung noch einmal das Thema des Interviews vor. Da ich bei verschiedenen Übungen und den zwei Probeinterviews festgestellt hatte, dass die Rolle des Erzählers für meine Interviewpartner ungewohnt war und mir ein Proband sogar im Nachhinein erzählte, dass er das Gefühl gehabt hatte, unter Zeitdruck zu stehen, erklärte ich die Regeln eines narrativen Interviews und wies explizit darauf hin, dass es keine zeitliche Begrenzung gebe. Während der Durchführung entwickelte das Interview eine eigene Dynamik, so dass ich mich zwar an dem von Lucius-Hoene und Deppermann (2004) beschriebenen dreiteiligen Aufbau eines narrativen Interviews orientierte, diesen aber nicht kategorisch einhielt. Während des gesamten Interviews wurden wir zweimal unterbrochen, weil der Sohn von Frau Müller wegen des Telefonates für seine Mutter hereinkam und der Ehemann von Frau Müller uns Getränke anbot.

Im Anschluss an das Interview folgte eine längere Unterhaltung zwischen mir und Frau Müller, bei der Frau Müller mich über meine Zeit in China befragte. Sie wiederholte dabei aber auch wichtige Punkte, die sie bereits während des Interviews angesprochen hatte, wie Unterschiede zwischen Ost- und Westdeutschland und ihre Vorgehensweise, mit der sie sich eine gute Position in der deutschen Firma gesichert hat.

4.3 Analyse des Gesamttextes

Den gesamten Text des Interviews unterteile ich in fünf große Passagen, die thematisch weitestgehend in sich abgeschlossen sind. Zunächst stellt Frau Müller ihre Migrationsgeschichte dar und beschreibt im Anschluss wichtige Personen aus ihrem Umfeld in Deutschland. Es folgt eine Schilderung von Erlebnissen während ihrer Arbeit in zwei deutschen Firmen. Anschließend erzählt Frau Müller von der Fremdenfeindlichkeit, die sie und ihr Sohn in Deutschland erlebt haben und geht danach auf die Unterschiede zwischen Deutschen und Chinesen ein.

4.3.1 Erste Passage: Migrationsgeschichte

In dieser ersten großen Erzählpassage orientiert Frau Müller sich an der zeitlichen Abfolge ihres Aufenthalts. Die Themen, die sie anspricht, lassen sich zeitlich gut einordnen und auch die Erzählreihenfolge ist weitestgehend chronologisch. Argumentationen und Beschreibungen kommen vor, sind aber nur kurz und dienen dazu, die Erzählung auszuschmücken. Frau Müller wahrt die Distanz zu dem Erzählten und vermittelt vorwiegend eine Außensicht auf die Geschehnisse. Nur auf die Fragen der Interviewerin hin geht sie auf ihre Innensicht und Gefühle ein. Eine Ausnahme bilden dabei zwei Episoden über ihre Schwiegereltern und die Führerscheinprüfung, über die sie sehr emotional berichtet und Erklärungen zu ihrer eigenen Sichtweise hinzufügt.

An die Anfangserzählung, die ich bereits in der Einleitung ausführlich analysiert habe, schließe ich eine Frage an, die Frau Müller zu weiteren Erzählungen anregen soll.

4.3.1.1 Einfach und unkompliziert

```
1    I:  and what happened then afterwards you decided
2    E:                                              [then we
3        then eh i
4        i married with my husband        then i come to germany
5    I:                              [hmhm]
6    E:  and live here
7    I:              [aha]
8    E:  <lachend> it is so: very easy
9    I:                                [mhmh]
10   E:  <leiser> not so kompliziert fo:r for us
11   I:                                          [mhmh]
12   E:  a:nd i mean you
13       can you tell me a little bit more about the time you
14       met with your husband
15   E:  sorry
16   I:  ehm when you have been in china
17   E:                                  [mhmh]
18   I:  and you said you worked in the same company with your
19       husband
20   E:            [yes]
21   I:  a:nd (-) what when you got to know each other how was
22       it for you
23       i mean he was german
24   E:  no nothing for me
25       it's the same
```

4. Das Interview

```
26        because before i worked in a foreign trade company i
27        had lots of foreign trade business friends
28   I:                                                 [mhmh]
29   E: for me it's the same chinese oder foreigner it's
30        it's absolute the same
31   I:                             [ok]
32   E: no nothing special
33        and eh: aber natürlich
34        of course german people cannot speak chinese and i
35        cannot speak german        we talk in english
36   I:                             [mhmh]              [mhmh]
37   E: no problem
```

Nachdem Frau Müller darüber erzählt hat, wie sie ihren späteren Ehemann in China kennenlernte, frage ich, wie es danach weiterging (Z. 1). Frau Müller antwortet sofort und reiht ihre Hochzeit und die Einreise nach Deutschland aneinander (Z. 2-6). Abschließend betont sie, dass alles sehr leicht und ohne Probleme ablief (Z. 8-10), wobei nicht ganz eindeutig ist, ob sie damit nur die Einreise meint oder auch das Leben in Deutschland.

Mit meiner nächsten Frage erkundige ich mich nach den Anfängen der Beziehung zwischen Frau Müller und ihrem Mann (Z. 12-14). Frau Müller reagiert mit einer Rückfrage (Z. 15), woraufhin ich meine Frage genauer ausführe und darauf eingehe, dass er Deutscher war, sie aber Chinesin (Z. 16-23). Die direkte Antwort auf meine Frage ist nur schwer zu verstehen, da sie nur aus Stichwörtern besteht, aber der Zusammenhang fehlt (Z. 24f.). Frau Müller erläutert ihre Antwort im Anschluss dahingehend, dass sie in China viele ausländische Freunde hatte und sie deswegen keinen Unterschied zwischen Ausländern und Chinesen machte (Z. 26-30). Sie räumt ein, dass sie und ihr Mann jeweils die Sprache des Anderen nicht sprechen, setzt dem aber entgegen, dass sie sich auf Englisch verständigen konnten (Z. 33-37).

Frau Müller antwortet ohne nachzudenken direkt auf meine Frage. Sie reiht die einzelnen Etappen ohne Pausen und Erklärungen aneinander und zeigt damit, dass für sie alles sehr schnell ging und keine Probleme auftraten, die thematisiert werden müssten. Das spricht sie auch im nächsten Satz aus, wenn sie den Beginn ihrer Migration als sehr einfach charakterisiert (Z. 8). Ihr Lachen könnte auf meine offensichtliche Überraschung zurückzuführen sein, dass sie ihre Erzählung so schnell abschließt. Es könnte aber auch auf Verlegenheit hindeuten, da sie weiß, dass von ihr lange Erzählungen erwartet werden, sie aber auf diese Frage nicht lange antworten kann. Als sie ihre Aussage bekräftigt, redet sie deutlich leiser, wodurch sie nachdenklich wirkt (Z. 10), so dass es sein kann, dass ihr bereits die späteren Schwierigkeiten in den Sinn kommen. Durch die Verwendung der Pronomina „we" und „us" (Z. 2; 10), drückt Frau Müller ein gemeinschaftliches, harmonisches Handeln zusammen mit ihrem Mann aus.

Die Erwartung kultureller Besonderheiten aufgrund der unterschiedlichen Nationalitäten in ihrer Ehe weist Frau Müller nachdrücklich zurück (Z. 24), obwohl die Antwort nicht ganz zu der Frage passt. Stattdessen weist sie mehrmals darauf hin, dass Ausländer und Chinesen für sie gleich sind (Z. 24f.; 29f.; 32), wobei sie ihre Aussage konkretisiert, indem sie sie auf Ausländer und Chinesen bezieht. Durch die Verwendung des Adverbs „absolut" (Z. 30) und die Umkehrung der Aussage ins Negative (Z. 32) steigert sie deren Aussagekraft und macht deutlich, wie wichtig ihr dieser Punkt ist. Sie begründet ihre Sichtweise damit, dass sie in China sehr viele Geschäftsfreunde hatte (Z. 26f.), unter denen auch Ausländer waren. Mit dieser Aussage bekräftigt sie ebenfalls ihre Selbstdarstellung als weltoffene Geschäftsfrau.

Frau Müller bringt mit diesem Abschnitt zum Ausdruck, dass sie ihre Ehe nicht als außergewöhnlich betrachtet. Sie legt auffällig viel Wert darauf, ihre Ehe mit einem Deutschen als absolut normal darzustellen.

Nach kurzem Nachdenken spricht sie zwar die sprachliche Barriere an (Z. 33-37), nimmt dieser aber durch die Adverbien „natürlich" (Z. 33) bzw. „of course" (Z. 34) ihre Besonderheit und verringert ihre Bedeutung als Problem durch den Hinweis auf die gute Verständigung auf Englisch (Z. 35-37). Damit reduziert sie die Problematik einer binationalen Ehe, die durch meine Frage aufgeworfen wurde, auf die sprachlichen Schwierigkeiten und nimmt selbst diesen noch den Charakter eines Problems.

Frau Müller zeichnet in dieser Sequenz das Bild einer harmonischen, problemlosen Beziehung, an der sie nichts Außergewöhnliches findet. Der Umstand, dass sie ihren Mann mit einem chinesischen Mann gleichsetzt, steht im Widerspruch zu ihrer Einschätzung aus der Eingangssequenz „Die Zeit in China", dass sie in China keine gute Arbeit mehr gefunden hätte. Da sie als Hauptmotiv für ihre Migration ihre Arbeit angibt und erst die Ehe mit einem Deutschen ihr die Möglichkeit gab, diesen Wunsch umzusetzen, ist seine Nationalität von großer Bedeutung für Frau Müller, was sie jedoch in dieser Passage nicht eingesteht. Im weiteren Verlauf des Interviews zeigt sich,

4. Das Interview

dass die Beziehung zwischen Frau Müller und ihrem Mann nicht so problemlos ist, wie sie es hier darstellt, und dass sie auch im Alltag mit Problemen zu kämpfen hatte. Bei meiner nächsten Frage tauchen wieder Verständnisschwierigkeiten auf, die ich aber nicht näher untersuchen möchte, da mein Analysefokus auf den Aussagen von Frau Müller liegt. Deswegen gebe ich meine Frage wieder und überspringe die dazwischenliegenden Zeilen.

4.3.1.2 Die erste Zeit

```
1   I: ok and when you came the first time to germany how
2      was it for you
       [...]
3   E: ah: the first time ah:
4      here eh germany is a wonderful country        i come
5   I:                                               [mhmh]
6   E: i came here is in July zwei thousand
7      two thousand three      very wonderful very CLEAN
8   I:                       [mhmh]
9   E: very BEAUTIFUL and the people HERE in:
10     i don't know the people here i
11     i go every time that i went
12     every time with my husbands go SHOPPING and a
13     RESTAURANT i don't speak and i i i
14     i feel not
15     i can see
16     for the persoNAL eh: people in germany i know nothing
17              because no GERMAN for me the first time
18  I: [mhmh]                                              [mhmh]
19  E: i just eh: sit down and GOING do nothing
20     so so the PERSONAL situation i have no
21     i cannot say good oder not good because no conTACT
22              the first time
23  I: [mhmh]              [mhmh]
```

Auf meine Frage hin, wie sie ihre erste Zeit in Deutschland erlebt habe, antwortet Frau Müller nach einigen Rückfragen mit dieser Sequenz. Sie beginnt mit einem Ausruf, der ihr Verstehen anzeigt (Z. 3) und wertet dann Deutschland als wunderbares Land (Z. 4). Nach einer zeitlichen Einordnung in den Juli 2003 wiederholt sie diese Aussage noch einmal und erweitert sie um die Adjektive „sauber" und „schön" (Z. 7-9). Dann kommt sie auf die Menschen in Deutschland zu sprechen und sagt entgegen ihrer anfänglichen Euphorie, dass sie die Deutschen nicht kennt, da sie sich auf Grund ihrer fehlenden Sprachkenntnisse nicht mit ihnen unterhalten kann (Z. 9-17). Sie fügt hinzu, dass sie nicht sehr aktiv gewesen sei (Z. 19), wobei nicht deutlich wird, ob sie sich dabei noch auf die Ausflüge mit ihrem Mann bezieht oder davon spricht, dass sie sich zu Hause aufgehalten hat. Am Ende wiederholt Frau Müller zusammenfassend, dass sie die Deutschen weder als gut noch als schlecht bewerten kann, da sie in der ersten Zeit keinen Kontakt gehabt habe (Z. 20-23).

Insgesamt unterbricht sie sich oft und sucht nach Wörtern, so dass es teilweise schwierig ist, die Sinnzusammenhänge nachzuvollziehen.

Frau Müller spricht mit einer Begeisterung von Deutschland, die gleich in ihrem einleitenden Satz deutlich wird (Z. 4) und bei der Wiederholung durch die Betonung der Worte „CLEAN" und „BEAUTIFUL" noch verstärkt wird (Z. 7-9). Allerdings wirkt diese Aufzählung von Adjektiven auch abgespult, da Frau Müller nicht nach Worten sucht, sondern sehr flüssig spricht und die Kernaussagen betont. Ihre Aussagen könnten in Höflichkeit begründet sein, da sie weiß, dass sie in mir eine Deutsche vor sich hat. Als Frau Müller weiter über die Menschen in Deutschland erzählen will, unterbricht sie sich selbst und stellt fest, dass sie über die Deutschen zum damaligen Zeitpunkt gar nichts sagen konnte (Z. 10). Dabei klingt sie aber nicht überrascht, sondern lässt es eher beiläufig einfließen. Allerdings stockt sie ein paarmal, bevor sie dazu übergeht zu erzählen, was sie mit ihrem Mann zusammen unternommen hat (10-13). Das lässt darauf schließen, dass dieser Teil der Erzählung nicht so präsent ist und sie erst überlegen muss, wie sie diesen Umstand am Besten erklärt. Auch danach sucht sie wieder nach Worten, bevor sie festhält, dass sie nicht viel über die Persönlichkeit der Deutschen sagen kann (Z. 13-16). Deswegen vermute ich, dass sie diesen Sachverhalt selten erzählt. Sie findet den Grund schließlich darin, dass sie damals kein Deutsch sprach (Z. 17). Damit ist ihre anfängliche Begeisterung verschwunden und sie spricht von ihrer erzwungenen Passivität in der ersten Zeit (Z. 19), wobei durch das zusammenfassende „do nothing" (Z. 19) zum Ausdruck kommt, wie sehr ihre Untätigkeit sie belastet hat. Am Ende wiederholt sie, dass sie die Deutschen weder positiv noch negativ bewerten kann (Z. 20f.) und betont dabei das Adjektiv „PERSONAL" (Z. 20), das sie bereits zuvor verwendet hat. Durch die Wiederholung und die Betonung hebt sie seine zentrale Bedeutung hervor. Die Aussage, dass sie keinen Kontakt hatte (Z. 21), dient zwar nur als Begründung, lässt aber große Probleme erkennen. Diesen Eindruck mildert Frau Müller ab, indem sie hinzufügt, dass sie nur von ihrer ersten Zeit in Deutschland spricht (Z. 22).

Obwohl Frau Müller in der gesamten Sequenz denselben ruhigen Sprechstil beibehält, ist inhaltlich eine entscheidende Wandlung festzustellen. Während sie zu Beginn der Sequenz an dem wunderbaren, problemlosen Bild festhält, das sie bereits in früheren Sequenzen beschreibt, lässt sie später Probleme erkennen, die nicht mehr in das vorherige Bild passen. Sie ist in Deutschland beim Einkaufen und bei Restaurantbesuchen auf die Begleitung ihres Mannes angewiesen, was ihre aus China gewohnte Selbstständigkeit stark einschränkt. Sie spricht auch von ihren Sprachschwierigkeiten und ihrem mangelnden Kontakt. Allerdings thematisiert sie diese Probleme nicht als solche, sondern zieht sie als Erklärung heran und erwähnt sie eher nebenbei, so dass ihre Brisanz nicht zur Geltung kommt.

Frau Müller gibt zwar ihre Unkenntnis als Grund für ihre zurückhaltende Bewertung an, weiß aber auch, dass sie in mir eine Deutsche vor sich hat. Deswegen ist sie mir gegenüber eventuell vorsichtiger mit Urteilen über die Deutschen, die sie nicht so uneingeschränkt positiv darstellen kann, wie das Land an sich. Der Umstand, dass sie oft nach Worten sucht und sich selbst unterbricht, deutet darauf hin, dass sie ihre Erzählung nur selten in dieser Form wiedergibt.

Frau Müller reiste 2003 nach zwanzigtägigem Aufenthalt zurück nach China. Als sie anfängt, über ihre spätere Rückkehr nach Deutschland zu erzählen, werden wir durch ihren Sohn unterbrochen, der ihr ein Telefon in die Hand drückt. Nach einer kurzen Pause, in der sie telefoniert, greift sie von sich aus noch einmal die ersten zwanzig Tage auf und erzählt ausführlich über ihren ersten Eindruck von ihren Schwiegereltern, die sich anders verhalten haben, als sie es erwartet hatte.

4.3.1.3 Die Schwiegereltern

```
1    E:  but i must tell you one thing
2        if you
3        you SPEAK different with chinese
4        GERMAN family and a CHINESE family is VERY very
5        different
6        at our first time to visit my husbands family
7    I:                                              [mhmh]
8    E:  and eh my husband lived with her
9        with his parents together and eh
```

```
10        i was here eh eh eh FIRST day and eh FIRST week and
11        then i married
12        after i married
13        after my married
14        after married the second day the parents went OFF for
15        holiDAYS and ehm
16        and till i go
17        i go back to germany they come back
18   I:                                              [mhmh]
19   E: before i go back to germany eh eh
20        and go back to china we don't see each other again
21        for the first time (---)
22        in CHINA what happens do you know when the
23        the son is married with a foreigner        the parents
24   I:                                              [mhmh]
25   E: chinese parents know IMMEdiately the foreigner
26        doesn't know china very well
27   I:                                         [ah]
28   E: they
29        they are coming far
30        from so far away they will not make HOLIDAY they will
31        stay with the SON
32        with the the
33        the WOMAN from the son
34        the WIFE from the son TOGETHER live TOGETHER and HELP
35        the wife         young wife
36   I:          [mhmh]
37   E: but the germans i
38        they think ok this is YOUR problem this is YOUR thing
39        you don't know china
40        germany ok this is YOUR (      )
41        even like this they want to go
42        aber now i live here i don't
43        never see again the parents go out so long time again
44        i
45        now i found that they go out long time they don't
46        want to stay
47        like me so they don't want to stay with me together
48        long TIME and help me long TIME
49        they just want to go out
50   I:                                    [aha]
51   E: with chinese family NEVER
52   I:                               [mhmh]
53   E: this is my first lesson in germany
54   I:                                              [mh]
55   E: so i know what is german family and a chinese family
56        is big different
```

4. Das Interview

Nach der Unterbrechung durch ihren Sohn kommt Frau Müller ohne eine diesbezügliche Frage von mir auf ihre Schwiegereltern zu sprechen. Sie kündigt ihre Erzählung an, indem sie sagt, sie müsse über den Unterschied zwischen chinesischen und deutschen Eltern erzählen (Z. 1-5). Sie berichtet, dass ihre Schwiegereltern, bei denen sie und ihr Mann in der ersten Zeit wohnten, direkt nach der Hochzeit ihres Sohnes in den Urlaub fuhren und bis zur Abreise von Frau Müller noch nicht zurückgekehrt waren (Z. 6-21). Frau Müller meint, dass chinesische Eltern die Schwierigkeiten einer ausländischen Schwiegertochter sofort verstehen, bei ihr bleiben und ihr helfen würden (Z. 22-35). Sie verallgemeinert das Verhalten der Schwiegereltern dahingehend, dass Deutsche sich nicht um die Probleme der Ausländer kümmern (37-41). Sie merkt an, dass ihre Schwiegereltern nie wieder so lange weggefahren seien (Z. 42f.). Aus heutiger Sicht deutet sie deren Verhalten dahingehend, dass ihre Schwiegereltern damals keine Zeit mit ihr verbringen wollten und sie ablehnten (Z. 45-49). Am Ende betont sie noch einmal, dass Chinesen niemals so handeln würden (Z. 51), und schließt ihre Erzählung ab, indem sie diese Erfahrung als ihre erste Lektion in Deutschland charakterisiert (Z. 53-56).

Diese Erzählung ist besonders interessant, da sie spontan erfolgt und Frau Müller dabei ihre eigene Sichtweise erläutert. Sie rahmt die Geschichte durch eine Ankündigung (Z. 1) und eine abschließende Bewertung (Z. 53-56) ein.

Frau Müller fasst ihre Kernaussage dahingehend zusammen, dass sich deutsche und chinesische Familien sehr voneinander unterscheiden, und belegt sie anschließend am Beispiel der Schwiegereltern. Dabei unterstreicht sie ihre Aussage durch die Betonung von „GERMAN", „CHINESE" und „VERY" (Z. 4). Die Erzählung über ihre Schwiegereltern beginnt Frau Müller ruhig und erklärt zunächst die Begleitumstände (Z. 6-10), wobei sie betont, das es ihre allererste Zeit in Deutschland war. Frau Müller verdeutlicht die zeitliche Nähe zwischen Urlaubsreise und Hochzeit sowie die lange Dauer des Urlaubs (Z. 14-20). Sie fügt hinzu, dass sie und ihre Schwiegereltern sich während ihres ersten Aufenthalts in Deutschland nicht wieder gesehen haben (Z. 19f.). Auf diese Weise vermittelt Frau Müller ein negatives Bild von ihren Schwiegereltern, da sie ihre Schwiegertochter in der neuen Umgebung allein lassen und sich im Urlaub vergnügen, statt ihr zu helfen.

Frau Müller lässt dieses Bild in einer Pause kurz wirken und stellt dann das Verhalten chinesischer Eltern dar, die ihr zufolge die schwierige Situation der ausländischen Schwiegertochter sofort erkennen (Z. 25f.) und nicht in den Urlaub fahren (Z. 30), sondern bei der Schwiegertochter bleiben und ihr helfen (Z. 34f.). Mit der erneuten Erwähnung des Urlaubs zeigt Frau Müller, dass gerade die Tatsache, dass ihre Schwiegereltern zum Vergnügen weggefahren sind, sie sehr aufgeregt hat. Die Betonung der zentralen Begriffe „TOGETHER" und „HELP" (Z. 34) machen deutlich, was Frau Müller eigentlich von ihren Schwiegereltern erwartet hätte. Das Bild der chinesischen Schwiegereltern wirkt sehr idealisiert und scheint stark von Frau Müllers Wünschen und der Intention, einen Gegensatz zu ihren deutschen Schwiegereltern zu schaffen, geprägt zu sein.

Der erneute Wechsel zu deutschen Verhaltensweisen lässt ein allgemeineres Bild erkennen, das Frau Müller von den Deutschen hat. Sie gibt die Denkweise der Deutschen in direkter Rede wieder und wiederholt mehrmals die Anapher „this is YOUR..." (Z. 37-40). Damit wirft sie ihnen mangelnde Hilfsbereitschaft vor und stellt sie als distanziert und uninteressiert an den Problemen von Ausländern dar. Mit dem nächsten Satz kommt Frau Müller wieder auf ihre Schwiegereltern zurück, auch wenn nicht deutlich wird, worauf er sich bezieht (Z. 41). Sie berichtet von ihrer Beobachtung, dass ihre Schwiegereltern später nie wieder so lange weggefahren seien (Z. 42f.), was die Bedeutung des damaligen Urlaubs für Frau Müller noch einmal in ein anderes Licht rückt. Sie sucht nach einer Begründung und verschärft mit ihrer nächsten Aussage das Bild der Schwiegereltern dahingehend, dass diese ihr nicht helfen wollten und deswegen bewusst weggefahren sind, solange sie sich in ihrem Haus aufgehalten hat (Z. 45-49). Sie wiederholt, dass chinesische Schwiegereltern niemals so handeln würden (Z. 51) und verleiht ihrer Aussage durch die Betonung des Adverbs „NEVER" (Z. 51) Nachdruck. Damit bringt sie zum Ausdruck, wie unerwartet diese Situation für sie war. Die Bewertung als Lektion (Z. 53) zeigt ihre Bereitschaft auch aus in ihren Augen schlechten Erfahrungen zu lernen, und mit unerwarteten Situationen umzugehen. Der folgende Rückgriff auf ihre einleitende Aussage rundet die Erzählung ab (Z. 55f.).

Die Spontaneität der Erzählung zeigt, wie sehr diese Erfahrung Frau Müller geprägt hat. Sie hat im Voraus mehr Unterstützung seitens der Schwiegereltern erwartet und muss nun alleine in der neuen Umgebung zurechtkommen. Auffallend ist, dass sie ih-

4. Das Interview

ren Mann, mit dem sie zusammen lebt und der sie auch unterstützen könnte, nicht erwähnt. Trotz der für sie schwierigen Situation bemüht sich Frau Müller um eine sachliche, neutrale Darstellung. Sie redet ruhig und lässt die Ereignisse für sich sprechen, so dass sie Wertungen vermeidet. Das Verhalten der Schwiegereltern erklärt sie zwar auf der einen Seite durch Abneigung gegen sie, spricht aber im großen Rahmen von Kulturunterschieden und verallgemeinert das Verhalten der Schwiegereltern. Dadurch präsentiert sie sich als Expertin, die auf Grund ihrer Erfahrung die chinesische und die deutsche Kultur vergleichen kann, wobei sie das Verhalten der Deutschen als selbstsüchtig präsentiert, während chinesische Schwiegereltern in ihren Augen hilfsbereit und verständnisvoll sind. Mit dem negativen Bild der Deutschen, das sie hier erkennen lässt, gibt sie ihre vorherige Zurückhaltung in Bezug auf die Bewertung der Deutschen in der Sequenz „Die erste Zeit" auf.

Als ich Frau Müller später noch einmal direkt darauf anspreche, was sie damals von ihren Schwiegereltern gehalten habe, antwortet sie zurückhaltend, dass sie weder gut noch schlecht seien und gibt an, dass andere Deutsche das Verhalten verständlich fanden. Sie beruft sich auf Kulturunterschiede, um die unterschiedlichen Handlungsweisen von deutschen und chinesischen Eltern zu erklären.

Hintergrundinformation zum chinesischen Familienverständnis
Die Familie hat in China einen hohen Stellenwert. Lin-Huber (2006) bringt sie mit dem Prinzip des ‚Guanxi' in Zusammenhang, das Menschen auf Grund von Beziehungen zur gegenseitigen Unterstützung verpflichtet. Damit dient die Familie der sozialen Absicherung (S. 56). Auch Kuan und Häring-Kuan (2006) sehen die Familie als „eine Art Sozialversicherung" (S. 125) und stellen fest, dass die verheirateten Kinder zwar häufig in eine eigene Wohnung ziehen, die Eltern und Großeltern aber gerne in deren Nähe bleiben, um sich nützlich zu machen oder selbst Hilfe zu erfahren (S. 125-127). Ich selbst habe in China diesen Zusammenhalt in der Familie erfahren.

> Als ich in Qingdao in einer chinesischen Gastfamilie untergebracht war, wohnte in den ersten Monaten die Großmutter väterlicherseits mit in der Wohnung, um meine Gastschwester und mich zu betreuen, da die Mutter während der Woche in einer Stadt in der Nähe arbeitete und wohnte und der Vater auf Geschäftsreise durch China war. Die Großeltern waren extra aus ihrer Heimatstadt in Shanxi angereist, um ihren Sohn und ihre Schwiegertochter zu unterstützen. Der Großvater fuhr nach einer Woche wieder zurück, aber die Großmutter blieb noch zwei Monate und vertrieb sich die Zeit vor dem Fernseher.

Chinesische Eltern wollen aktiv am Alltag ihrer Kinder teilhaben (Kuan, Häring-Kuan 2006, S. 301), was dazu führt, dass sie sich im Vergleich zu deutschen Eltern mehr und länger in die Belange ihrer erwachsenen Kinder einmischen (ebd. S. 125). Das mag aus westlicher Sicht zudringlich erscheinen, aber für Frau Müller ist es eine enttäuschende Erfahrung, dass ihre deutschen Schwiegereltern sich nicht so sehr um sie kümmern.

Nach der Erzählung über ihre Schwiegereltern beschreibt Frau Müller ihre Probleme mit dem Essen, das sie aus ihr größtenteils unbekannten Zutaten kochen muss. Danach greift sie das vorherige Thema ‚Schwiegereltern', wie bereits erwähnt, auf meine Frage hin noch einmal auf.

Anschließend gibt sie einen Überblick über ihr Leben in Deutschland und reiht einzelne Zeitabschnitte in geraffter Form aneinander. Erst gegen Ende dieser Aufzählung geht sie mehr ins Detail und berichtet zeitnah über ihre Arbeitssuche. Sie lässt erkennen, dass sie sich als erfolgreiche internationale Geschäftsfrau sieht. Nach Beendigung ihres Lebenslaufes hinterfrage ich einige Aspekte noch einmal genauer.

4.3.1.4 Der Führerschein

```
1    I:  ehm you've said eh you started to eh take german
2        lessons
3    E:  yes
4    I:  and did this help you to communicate with the germans
5    E:  oh difficult      (--) you see .hh i learned fast
6        nearly one        year
7    I:                        [mhmh]
8    E:  eh: for the
9        for the theorie
10       theorie prüf eh
11       examination       one time it's ok
12   I:                    [mhmh]                [mhmh]
13   E:  and no fehler
14       no wrong ehm eh
15       alles perfect gemacht (1.5) .h
16       BUT (-) for the
17       for the: praktisch       ah lots of a problem because
18   I:                           [mhmh]
19   E:  i don't know what people are speaking      to ME
20   I:                                             [mhmh]
21   E:  i cannot speak german       and the teacher cannot
22   I:                              [mhmh]
23   E:  speak english (--) but i
```

4. Das Interview

```
24        the the people asked me maybe i can find a people who
25        can speak GERMANY eh ENGLISH
26        i say NO (1.6) because i want to live in germany and
27        MUST LEARN GERMAN (-)      so eh even HARD (--)
28   I:                        [mhmh]
29   E: ok then (--) i i want to learn
30        i want to
31        i want to make TEST (--) aber dauert eh: it's
32        it's (--) one year
33        FAST one year
34   I:                   [mh]
35   E: in july in
36        in zwei
37        in two thousand eh four july
38        in july two
39        of two four thousand four
40        two thousand four i start (--)
41        i GOT driver licence in in june of the two thousand
42        four two thousand five
43   I:                             [hm]
44   E: <leise> nearly one year
```

Auf meine Frage hin, inwieweit der Deutschunterricht ihr geholfen habe (Z. 1-4), antwortet Frau Müller mit einer längeren Passage über ihre Führerscheinprüfung. Sie leitet ihre Erzählung mit dem Ausruf „oh difficult" ein (Z. 5) und fügt hinzu, dass sie fast ein Jahr gebraucht habe (Z. 5f.). Sie habe zwar in der theoretischen Prüfung keine Fehler gemacht (Z. 8-15), aber die praktische Prüfung sei sehr problematisch gewesen, weil der Fahrlehrer kein Englisch und sie nicht ausreichend Deutsch konnte (Z. 16-23). Der Fahrlehrer habe ihr zwar angeboten, jemanden zu finden, der Englisch spreche, aber Frau Müller lehnte diesen Vorschlag mit der Begründung ab, sie müsse Deutsch lernen (Z. 24-27). Sie betont ihren Willen, die Prüfung zu schaffen, muss aber einräumen, dass es ein Jahr gedauert hat (Z. 29-33). Anschließend datiert Frau Müller den Zeitraum, in dem sie ihren Führerschein gemacht hat, noch einmal genau und schließt mit der nochmaligen Bestätigung ab, dass es fast ein Jahr gewesen sei (Z. 35-44).

Das falsche Verstehen meiner Frage liegt wohl einerseits an der Verwechslung von „german" und „driving", andererseits deutet es aber auch darauf hin, dass Frau Müller eine Frage zu ihrer Führerscheinprüfung erwartet hat, weil diese sehr kompliziert war. Durch ihren Ausruf zu Beginn der Erzählung betont sie das Ausmaß der Schwierigkeiten (Z. 5) und bestimmt damit den Charakter der ganzen Sequenz. Verstärkt wird ihre Aussage durch die Ergänzung, dass sie fast ein Jahr gebraucht habe (Z. 5f.), die sie während der Sequenz noch zweimal wiederholt (Z. 33; 44). Zunächst spricht sie jedoch von der theoretischen Prüfung, die ihrer Ansicht nach ganz leicht war (Z. 8-15), und zeigt damit, dass sie intelligent genug ist, um zu bestehen. Von der leichten theoretischen Prüfung grenzt sie mit einem deutlich betonten „BUT" die praktische Prüfung ab (Z. 16). Sie erklärt die Probleme mit sprachlichen Schwierigkeiten und erwähnt das Angebot des Fahrlehrers, einen englischsprachigen Lehrer zu finden (Z. 17-25). Sie versetzt sich in ihre damalige Situation zurück, reagiert mit einem entschiedenen „NO" (Z. 26) und erklärt dann ihre Haltung damit, dass sie in Deutschland leben wolle, und deshalb Deutsch lernen müsse, auch wenn es dadurch schwieriger sei (Z. 26f.). Auffällig ist dabei die Betonung, die sie auf jedes einzelne Wort von „MUST LEARN GERMAN" (Z. 27) legt. Damit präsentiert sie sich als selbstbewusste Frau, die sich ehrgeizig um Anpassung bemüht und keine Sonderbehandlung braucht. Durch den Nachdruck, mit dem sie darauf beharrt, die Prüfung zu bestehen, auch wenn es lange dauert (Z. 29-33), ergänzt sie das Bild, dass sie von sich gezeichnet hat, um den Aspekt, dass sie auch in Schwierigkeiten durchhält und am Ende den gewünschten Erfolg erzielt. Die zeitliche Einordnung am Ende (Z. 35-42) unterstreicht die aus ihrer Sicht lange Dauer, die Frau Müller abschließend etwas leiser noch einmal wiederholt.

In dieser Sequenz werden Probleme deutlich, die Frau Müller bei der Anpassung im Wege stehen. Wieder ist es die sprachliche Barriere, die sie als Hindernis ausmacht. Die Episode verstärkt den Eindruck, dass doch nicht alles so reibungslos abgelaufen ist, wie Frau Müller es anfangs dargestellt hat. Andererseits wird aber auch deutlich, wie sie mit Schwierigkeiten umgeht. Sie gibt nicht auf, sondern stellt sich den Problemen und überwindet sie. Von großer Bedeutung ist dabei auch die zeitliche Ausdehnung, die von Frau Müller immer wieder betont wird. Sie arbeitet ein Jahr lang beharrlich auf ein Ziel hin, bis sie es endlich erreicht hat. Damit stellt sie sich als ehrgeizig und zielstrebig hin, auch wenn die Umstände schwierig sind.

Es folgt ein Abschnitt über die Arbeit im Garten ihres neuen Hauses, die sie im Überblick schon angeschnitten hatte. Damit ist die Passage beendet, da sich meine nächste Frage bereits auf ihr Familienleben in Deutschland bezieht.

4.3.1.5 Zusammenfassung

In der ersten Passage werden sowohl die zentralen Themen der Migrationsgeschichte von Frau Müller angesprochen als auch erste Antworten auf meine Leitfragen gegeben. Frau Müller stellt die Beziehung zu ihrem Ehemann als harmonisch, vertraut und völlig normal dar, räumt aber gleichzeitig ihrer beruflichen Tätigkeit den Vorrang ein. Ähnlich verhält es sich mit ihrer Migration, die sie einerseits als einfach und unkompliziert beschreibt, andererseits aber bereits Missverständnisse und Probleme wie Isolation aufgrund mangelnder Sprachkenntnisse anspricht. Frau Müller stellt sich selbst als erfolgreich und ehrgeizig dar, indem sie Probleme herunter spielt. Sie beklagt sich über mangelnde Unterstützung in ihrem sozialen Umfeld, vermeidet aber offene Wertungen und beruft sich stattdessen auf ihre Unkenntnis oder auf kulturelle Unterschiede. Sie versucht sich anzupassen, indem sie Deutsch lernt und sich auf die fremde Umgebung einstellt. Da sie weiß, dass ich einen anderen kulturellen Hintergrund habe, sieht sie sich als Vertreterin der chinesischen Kultur und erklärt Sachverhalte genauer, als sie das einem Chinesen gegenüber getan hätte.

4.3.2 Zweite Passage: Wichtige Personen

Die zweite große Passage ist gekennzeichnet durch einen ständigen Wechsel von chronologischer Abfolge und thematischer Zuordnung der Erzählungen. Generell nimmt Frau Müller meine Fragen als Impulse für ihre Antworten. Die Perspektive von Frau Müller wechselt zwischen Innensicht, Außensicht und Aussagen in allgemeiner Form. Dabei erzählt sie zwar grundsätzlich über ihre Erlebnisse, geht aber, als die Rede auf ihren Sohn kommt, dazu über, ihren Standpunkt argumentativ zu verdeutlichen.

Ich leite die Passage mit einer Frage zum Familienleben von Frau Müller ein, woraufhin sie über ihren Ehemann erzählt.

4.3.2.1 Der Ehemann

```
 1   I: can you tell me something about your family life when
 2      you came to germany
 3   E: ah: very very difficult
 4      for example i don't know very well german LAW
 5   I:                                                [mhmh]
 6   E: and eh: (2.2) i think eh for EVERY foreigner come to
 7      here not only for me there are
 8      in the beginning it's very HARD        (1.6)
 9   I:                                                [mhmh]
10   E: eh for example when i
11      when i
12      when i
13      if i
14      i go in the
15      in das
16      in the street
17      they have a
18      they have a: special (---) on the (-) ROAD for the
19      BYCYCLE       i don't know it          and eh:
20   I:      [mhmh]                   [mhmh]
21   E: people said to me i don't understand    <laut> WHY
22   I:                                                [mhmh]
23   E: and one time i went to my husband's family the FATHER
24      told me for WHAT
25   I:                  [mhmh]
26   E: but actually i think should my HUSBAND tell me for
27      this but my husband don't speak MORE this is the
28      PROBLEM       he did
29   I:               [mhmh]
```

4. Das Interview

```
30   E:  <acc> i asked my husband
31       my husband HAST du eh:
32       did you see it in china
33       he said <tiefer> no
34       he also said i don't know you don't know it this is
35       for bicycle
36   I:                    [mhmh]
37   E:  i said in CHINA ALL the SAME       people cannot eh
38   I:                                        [mhmh]
39   E:  take bicycle in the
40       in the
41       for the
42       in the side of the       street all in the road in
43   I:                       [mhmh]
44   E:  the in the middle road aber in deutschland is in the
45       in
46       in the FUßgänger middle and it's for bicycle
47   I:                                              [mhmh]
48   E:  (2.0) and eh i i i told my husband he he
49       he is afraid to talk with me he can tell me
50       everything even (       ) even i KNOW something
51       before in china but now eh just eh talking talking
52       talking for me it's GOOD i can LEARN german first
53       second i KNOW lots of what
54       what is german but he's
55       he eh
56       my husband <lento> most time don't speak    so this
57   I:                                                 [mh]
58   E:  is my big problem
59   I:              [mhmh]
```

Auf meine Frage nach ihrem Familienleben in Deutschland (Z. 1f.) reagiert Frau Müller mit dem Ausruf, dass es sehr schwierig gewesen sei (Z. 3). Danach gibt sie als Beispiel an, dass sie deutsche Gesetze nicht kannte (Z. 4). Sie überlegt eine Weile und fügt hinzu, dass es wohl für jeden Fremden im Anfang sehr schwer sei (Z. 6-8). Dann beginnt sie nach einer kurzen Pause eine Begebenheit zu erzählen, die sich zu Beginn ihres Aufenthalts zugetragen hat, als sie noch keine Fahrradwege kannte (Z. 10-19). Sie sei von den Menschen auf der Straße angesprochen worden, habe aber nicht verstanden, was diese von ihr wollten, bis ihr Schwiegervater sie aufklärte (Z. 21-24). Frau Müller erhebt den Anspruch, dass ihr Mann sie darüber hätte aufklären sollen und bezeichnet es als großes Problem, dass dieser nicht viel mit ihr spricht (Z. 26-28). Anschließend spielt sie nach, wie sie ihn zur Rede gestellt hat (Z. 30-37), wobei sich ihre Darstellung immer mehr zu einer Rechtfertigung ihrer Unkenntnis entwickelt (Z. 37-46). Schließlich gibt sie in indirekter Rede wieder, wie sie ihm gesagt hat, dass er sie beim Deutsch lernen und bei der Eingewöhnung unterstützen könnte, wenn er mehr mit ihr reden würde (Z. 48-54). Es wird nicht ganz klar, ob sie ihm auch gesagt hat, dass er Angst habe mit ihr zu sprechen (Z. 49), oder ob das nur eine erklärende Information ist. Dabei geht sie in eine Argumentation über, die an mich als Interviewerin adressiert ist. Am Ende wiederholt sie noch einmal, dass ihr Mann wenig spricht und dass das ein großes Problem für sie darstellt (Z. 56-58).

Der spontane Ausruf am Anfang (Z. 3) steht im Gegensatz zu der früheren Haltung von Frau Müller, alles als harmonisch und einfach darzustellen. Er weckt die Erwartung nach einer Erzählung über familiäre Probleme. Zunächst führt Frau Müller aber nur ihre Unkenntnis deutscher Gesetze als Beispiel an (Z. 4), wobei dem Zuhörer der Zusammenhang mit ihrer Ehe erst gegen Ende ihrer Erzählung klar wird.

Mit dem Einschub, dass es wohl für jeden Fremden im Anfang schwer sein müsse (Z. 6-8), stellt Frau Müller ihre Probleme als etwas Normales dar und weist somit eine persönliche Verantwortung dafür von sich.

Zu Beginn ihrer Erzählung wird erneut das Problem der fehlenden Deutschkenntnisse deutlich, die Frau Müller an einer erfolgreichen Kommunikation mit den Deutschen hindern (Z. 21). Das betonte und lautere „WHY" unterstreicht dabei ihr Unverständnis. Der Umstand, dass sie schließlich von ihrem Schwiegervater über die Fahrradwege aufgeklärt wird (Z. 23f.), deutet darauf hin, dass sich ihr Verhältnis zu ihren Schwiegereltern inzwischen verbessert hat. Es kann aber auch sein, dass Frau Müller nicht sehr vertraut mit ihrem Schwiegervater ist und es ihr deswegen besonders unangenehm war, dass er ihre Unkenntnis bemerkt und darauf reagiert, da Fehler in China von nicht so guten Bekannten aus Höflichkeit ignoriert oder zumindest nicht offen angesprochen werden (Chen 2004, S. 95). Frau Müller betont in ihrer Erzählung das Wort „FATHER" (Z. 23) und bringt so ihre Empörung zum Ausdruck, dass ihr Schwiegervater und nicht ihr Ehemann, der ihr die peinliche Situation hätte ersparen können, sie auf die Fahrradwege hingewiesen hat (Z. 27f.). Bei der folgenden Wiedergabe des Gesprächs, das sie daraufhin mit ihrem Ehemann geführt hat, redet sie schneller, macht die Sprecherwechsel durch „i said" „he said" deutlich und spricht einmal sogar mit tieferer Stimme (Z. 30-37). Das zeigt, wie sehr Frau Müller sich in die Situation hineinversetzt. Die Frage, die sie ihrem Mann stellt (Z. 31f.), verweist darauf, dass er die Unterschiede zwischen Deutschland und China kennen müsste. Er

4. Das Interview

räumt das ein, verschließt sich aber jedem weiteren Vorwurf mit dem Argument, dass er sich nicht über ihre Unkenntnis im Klaren war (Z. 34f.). Damit setzt Frau Müller sich ins Recht und lässt gleichzeitig anklingen, dass er sich nicht genug mit ihren Problemen befasst. Anschließend legt sie ihre Argumente dar, dass in China sowohl Autos als auch Fahrräder auf der Straße fahren und nicht auf dem Fußgängerweg, wie in Deutschland (Z. 37-46), wobei sie allmählich die Rolle ihres erzählten Ichs verlässt und sich vor mir als Interviewerin rechtfertigt. Trotzdem ist sie noch sehr erregt, was sie durch Betonung der zentralen Begriffe zeigt. Erst nach einer Pause findet Frau Müller zu ihrer Erzählung zurück und erklärt etwas ruhiger, dass sie ihrem Ehemann gesagt habe, dass er ihr alles erzählen könne, auch wenn sie es vielleicht schon wisse (Z. 48-51). Die anschließenden Ausführungen richten sich wieder mehr an mich als Interviewerin. Frau Müller stellt durch Wiederholung und Betonung das Thema ‚Unterhaltung' an sich in den Mittelpunkt und sagt, dass es gut wäre, wenn ihr Mann viel mit ihr reden würde (Z. 51f.). Das begründet sie damit, dass sie so Deutsch lernen könne und Informationen bekäme, die ihr die Anpassung erleichtern würden (Z. 52-54). Damit stellt Frau Müller erneut funktionale Aspekte der Ehe in den Vordergrund und nicht die Beziehung zu ihrem Mann, die durch eine verbesserte Kommunikation ebenfalls gefördert werden könnte. Den Vorteilen des Lernens stellt sie am Ende die resignierende Erkenntnis gegenüber, dass ihr Mann sie dabei nicht unterstützt, weil er zu wenig spricht (Z. 56). Durch eine langsame Sprechweise betont sie die letzte Aussage und markiert dadurch deren Bedeutung als Kernaussage der gesamten Sequenz. Dieser Effekt wird durch die Kennzeichnung als großes Problem zusätzlich verstärkt (Z. 56-58).

In dieser Sequenz spricht Frau Müller erstmals Probleme offen an, die sie auch als solche bezeichnet. Sie gibt ihr anfängliches Bild einer unkomplizierten Integration auf, und spricht sogar von großen Problemen. Dabei macht sie von Anfang an klar, dass diese Probleme nicht ihr anzulasten sind, sondern dem Umstand, dass sie sich als Fremde an eine andere Kultur anpassen muss. Sie betont ihre Bereitschaft dazuzulernen und sich anzupassen, beklagt sich aber über die fehlende Unterstützung ihres Ehemanns.

Auffallend ist außerdem die Erzählstruktur der Sequenz. Frau Müller beginnt mit scheinbaren Nebensächlichkeiten wie ihrer Unkenntnis deutscher Gesetze, dem Vergleich ihrer Situation mit der anderer Ausländer und der Besonderheit von Radwegen.

Die eigentliche Kernaussage, nämlich die fehlende Unterstützung seitens ihres Ehemanns, spricht sie erst in der Mitte der Sequenz an. Sie führt sie danach genauer aus, bevor sie sie am Ende noch einmal wiederholt. Diese Reihenfolge wird sowohl von Zinzius (2007) als auch von Lin-Huber (2006) als typisch chinesisch charakterisiert. Sie ermöglicht es, den Zuhörer langsam an das Thema heranzuführen und ihm den eigenen Standpunkt zu vermitteln, bevor dieser direkt angesprochen wird (vgl. Zinzius 2007, 161-163; Lin-Huber 2006, 123-126).

Als Nächstes frage ich Frau Müller nach ihrem Sohn.

4.3.2.2 Der Sohn

```
1    I: and ehm what about your son
2    E: hm: my son learned first time in the middle school
3       for german language (---) after half year eh: he went:
4       to the high school         and eh: he learned not so
5    I:                      [mhmh]
6    E: very well      my son eh
7    I:           [mhmh]
8    E: my son is not like children who can (-)
9       who can learn very well who can: (-) LIVE very well
10      he is eh
11   I: [mhmh]
12   E: i think he is
13      he is a special younger
14      special in
15      he is special for (-)
16      for EVERYTHING i think
17      i don't understand him      (--)
18   I:                       [mhmh]
19   E: he don't
20      he doesn't learn     (--)
21   I:                   [mhmh]
22   E: <leiser> this is my big problem
```

Frau Müller beginnt mit einer neutralen Beschreibung der Schullaufbahn ihres Sohnes (Z. 2-4). Er sei erst auf die Mittelschule gegangen, um Deutsch zu lernen, und sei nach einem halben Jahr auf eine höhere Schule gewechselt. Sie fügt an, dass er nicht sehr gut lerne (Z. 4-6), da er nicht wie andere Kinder sei, die gut lernen und leben könnten (Z. 6-9). Er sei in allen Dingen sehr eigen und sie verstehe ihn nicht (Z. 10-

4. Das Interview

17). Dann wiederholt Frau Müller noch einmal, dass er nicht lerne (Z. 19f.), und bewertet das als ihr großes Problem (Z. 22).

Meine Frage ist mit der Erwartungshaltung verbunden, etwas über das Familienleben von Frau Müller in Bezug auf ihren Sohn zu erfahren. Frau Müller stellt aber stattdessen die Schullaufbahn ihres Sohnes dar (Z. 2-4), was die zentrale Bedeutung, die das Thema ‚Schule' im Zusammenhang mit ihrem Sohn für Frau Müller hat, deutlich werden lässt. Die Aussage, dass er nicht so gut lerne (Z. 4-6), steht dabei durch die gleichbleibende Intonation in einer Reihe mit der vorhergehenden Beschreibung, so dass es wirkt, als ob sie die Aufzählung von Tatsachen fortführt. Anschließend sucht sie nach Worten, um ihren Sohn zu beschreiben (Z. 6-9). Dabei ist auffällig, dass sie nicht auf die grundsätzliche Schwierigkeit hinweist, auf einer neuen Schule in einem fremden Land eine fremde Sprache zu lernen, sondern das Verhalten ihres Sohnes für die Probleme verantwortlich macht. Durch die Verwendung der Verben ‚sein' (Z. 8) und ‚können' (Z. 8; 9) umgeht sie einen direkten Vorwurf und stellt sein Lernverhalten als Folge seines Charakters dar. Mit einer parallelen Satzstruktur steigert Frau Müller „learn" zu einem betonten „LIVE" (Z. 9), so dass sie seine Probleme auf sein gesamtes Leben bezieht und noch gravierender erscheinen lässt. Durch das Adjektiv „special", mit dem sie ihren Sohn in den nächsten Sätzen beschreibt (Z. 10-16), vermeidet sie eine Wertung, da es sowohl positiv im Sinne von ‚besonders' oder negativ im Sinne von ‚eigenartig' oder eben neutral als ‚speziell' oder ‚anders' verstanden werden kann. Durch die Betonung in dem Ausdruck „special for [...] EVERYTHING" (Z. 15f.) macht Frau Müller deutlich, dass sich das Anderssein auf alle Lebensbereiche bezieht, so dass es dem Zuhörer nachvollziehbar erscheint, wenn sie sagt, dass sie ihren Sohn nicht versteht (Z. 17). Anschließend kommt sie zurück auf das eigentliche Problem, dass er nicht lerne (Z. 19f.) und hebt damit die zentrale Aussage hervor. Gleichzeitig wird ihre Machtlosigkeit deutlich, da sie sein Verhalten nicht ändern kann. Der letzte Satz ist leiser (Z. 22) und wirkt so, als ob sie ihn nur zu sich selbst sagt. Sie schließt damit die Sequenz ab.

Die Sequenz bringt eine große Distanz zwischen Mutter und Sohn zum Ausdruck. Frau Müller erkennt, dass ihr Sohn Probleme hat, reduziert sie aber auf den mangelnden schulischen Erfolg. Die Ursache sieht sie an dieser Stelle in seinem Charakter. Die Probleme ihres Sohnes belasten sie zwar, aber sie sieht sich wegen der großen Distanz zwischen ihnen nicht in der Lage, ihm zu helfen. Auch später wiederholt

Frau Müller noch mehrmals, dass ihr Sohn anders sei und sie ihn nicht verstehe. Die eher negative Haltung, die die Mutter in diesem Interview einnimmt, könnte auch dadurch begründet sein, dass sie kurz vor Beginn eine Auseinandersetzung mit ihm hatte, die wohl auch während des Interviews noch nicht beendet war.

Im weiteren Verlauf des Interviews geht Frau Müller genauer auf die Probleme ein, die ihr Sohn in der Schule hatte. Sie erkennt den Unterschied zwischen deutschem und chinesischem Unterricht und erläutert, dass in China die Schüler viel häufiger kritisiert und so zum Lernen angehalten werden. Dadurch lernen die Schüler sehr viel, bekommen aber Probleme in Deutschland, wo andere Fähigkeiten gefordert werden. Dasselbe Problem sieht sie bei ihrem Sohn, dem nach ihrer Aussage im deutschen Unterricht zu viele Freiheiten gelassen wurden. Sie sagt, dass er am Anfang noch glücklich war, weil niemand ihn kontrollierte und er nicht zu lernen brauchte, dass er inzwischen aber große Probleme habe.

In den Aussagen von Frau Müller spiegelt sich das chinesische Verständnis von Lernen und Lehrern wieder, z.B. wenn sie sich über die mangelnde Kritik und Kontrolle der deutschen Lehrer beschwert oder meint, dass ihr Sohn in der deutschen Schule zu wenig lerne. Damit bezieht sie sich auf das viele Auswendiglernen an chinesischen Schulen.

Hintergrundinformation zum chinesischen Unterrichtskonzept

Zum Thema Bildung und Erziehung schreiben Kuan und Häring-Kuan, dass in China bereits der Kindergarten darauf ausgerichtet ist, den Kindern möglichst viel beizubringen. Ab der Grundschule wird dann viel Disziplin verlangt, und die Schüler stehen unter großem Leistungsdruck, da ihre Eltern einen guten Schulabschluss erwarten, mit dem die Kinder sich für ein Universitätsstudium qualifizieren können. Mündliche Mitarbeit wird selten gefordert, vielmehr stehen Auswendiglernen und schriftliche Tests im Mittelpunkt (S. 161-165). Das bestätigt auch Lin-Huber (2006), die das Rezitieren von Texten und Kollektivantworten als immer noch übliche Unterrichtsmethode darstellt und die Zurückhaltung chinesischer Studenten an westlichen Universitäten mit diesen Lernmethoden begründet (S. 188-190). Das Verhältnis zwischen Lehrer und Schüler führt Lin-Huber auf Konfuzius zurück, der im Sinne von „kindlicher Pietät" „Respekt und Gehorsam" gegenüber der älteren Generation" (S. 183) verlangt. Dennoch ist das Beziehung enger als im Westen, da der Lehrer sich für das Vorankommen der Schüler auch über die reine Wissensvermittlung hinaus verantwortlich fühlt (ebd. S. 183-185).

Frau Müller versucht den Problemen ihres Sohnes durch Ermahnungen entgegen zu wirken. Sie macht ihm klar, dass er nicht nachlassen soll mit Lernen, auch wenn der Lehrer seine Leistung nicht anerkenne, und führt ihm vor Augen, dass er im Beruf auch selbstständig arbeiten müsse. Auf meine Frage hin stellt sie der Verhaltensweise ihres Sohnes ihre eigene gegenüber und setzt sich damit deutlich von ihm ab, da sie Erfolg hat, während er mit Problemen kämpfen muss.

Während Frau Müller die Situation ihres Sohnes auf einige Rückfragen hin sehr ausführlich schildert und viele zusätzliche Erklärungen abgibt, fasst sie die Kontakte in ihrem Bekanntenkreis nur kurz zusammen, wobei sie sich weitestgehend an den chronologischen Ablauf ihres Lebens in Deutschland hält. Dabei spricht sie ihre Freundschaft zu Maike und Raphaela an, die sie seit ihren Fahrstunden kennt und mit denen sie Deutsch lernt. Sie eröffnen ihr über die Kirche und das Bibellesen auch die Möglichkeit, weitere Kontakte zu knüpfen.

Auf meine Frage, die eigentlich auf die Freunde abzielt, die sie beim Bibellesen gewonnen hat, antwortet Frau Müller sehr eindringlich, dass die Bibel eine sehr interessante Geschichte für sie sei, aber nicht mehr. Erst auf mein erneutes Fragen hin geht sie auf die Beziehung zu Maike ein.

4.3.2.3 **Die deutsche Freundin**

```
1   I: and how did this relationship develop
2   E: oh: you see mh she is a very nice girl        and eh:
3   I:                                                      [mhmh]
4   E: she came to me and eh:
5      in the first time and eh then we we
6      we read the bibel
7      the bible
8      and little by little sometimes i
9      i went to the church and eh later
10     and then there very often because i feel very boring
11     eh alone at home
12  I:                    [mhmh]
13  E: and eh: (2.0) i
14     i: not for
15     for friendship eh just for interesting       for the
16  I:                                                   [mhmh]
17  E: relation
18     for the
19     for the bible
20     aber eh
```

```
21      but eh eh friendship with maike eh is is also very
22      good because eh i
23      when i have some problem i talk with maike she helped
24      me immediately and also she tell me what's this and
25      what happened
26      <leiser> something like this
27  I:                                              [mhmh]
```

Auf die Frage hin, wie sich die Beziehung zwischen ihr und Maike entwickelt habe (Z. 1), bezeichnet Frau Müller Maike als sehr nettes Mädchen (Z. 2) und beschreibt, wie sie sich immer wieder getroffen haben, um die Bibel zu lesen (Z. 4-7). Dann erzählt Frau Müller, dass sie auch immer öfter zur Kirche gegangen sei, wo sie Maike getroffen habe. Dieses Verhalten begründet sie damit, dass sie sich alleine zu Hause gelangweilt habe (Z. 8-11). Sie betont, dass sie nicht wegen der Freundschaft dorthin gegangen sei, sondern aus Interesse an der Bibel (Z. 14-19), wobei hier nicht deutlich wird, worauf sie das Wort „relation" (Z. 17) bezieht. Anschließend kommt Frau Müller zurück zu ihrer Freundschaft mit Maike und bewertet sie als gut, weil Maike ihr bei Problemen helfe und ihr viel erkläre (Z. 21-25). Sie beendet ihre Beschreibung mit der etwas leiseren Floskel „something like this" (Z. 26).

Mit dem ersten Satz gibt Frau Müller eine Einschätzung der Thematik ab. Sie bezeichnet Maike als nettes Mädchen (Z. 2) und schafft damit die Voraussetzung dafür, dass Maike und sie sich immer wieder treffen (Z. 4-6). Sie macht die langsame Entwicklung der Freundschaft durch die Adverbien „little by little" (Z. 8), „sometimes" (Z. 8), „later" (Z. 9) und „and then" (Z. 10) deutlich. Gerade weil sie ihre Langeweile zu Hause (Z. 10f.) so beiläufig erwähnt, erweckt sie den Eindruck, dass die mangelnden Kontakte ein größeres Problem für sie darstellen, als sie zugeben will. Zudem erscheint die Kirche wie eine Notlösung mangels anderer Aktivitäten. Die folgenden Aussagen sind für mich etwas verwirrend, da sie der einleitenden These des guten Verhältnisses zu Maike widersprechen. Frau Müller sagt, dass sie nicht aus Freundschaft in die Kirche geht, sondern aus Interesse (Z. 14f.) und gibt damit neben ihrer Langeweile einen weiteren Grund für den Kirchgang an. Dadurch schwächt sie das Problem der Einsamkeit, das sie vorher angesprochen hat, ab und nimmt der Kirche den Charakter der Notlösung. Im nächsten Satz betont sie, dass ihre Freundschaft zu Maike sehr gut sei (Z. 21f.), auch wenn sie nicht der Grund sei in die Kirche zu gehen, und bestätigt ihre einleitende Aussage. Bei der folgenden Begründung stellt Frau Müller wieder die funktionale Seite der Freundschaft in den Vordergrund (Z. 23-25), wodurch der Eindruck entsteht, dass sie den Wert der Freundschaft an ihrem Nutzen misst. Die Floskel am Ende (Z. 26) schließt die Aufzählung ab, macht aber deutlich, dass sie nicht vollständig ist, sondern beliebig erweitert werden könnte.

Diese Sequenz legt nahe, die Entwicklung der Freundschaft mit der Beziehung von Frau Müller zu ihrem Ehemann zu vergleichen. Dabei fällt auf, dass Frau Müller in dieser Sequenz viel aktiver wirkt, da sie aus eigenem Antrieb in die Kirche geht, wo sie Maike trifft. In Maike findet sie die Person, mit der sie reden kann, die ihr Deutsch beibringt und die Erklärungen liefert, die sie so dringend braucht. So findet Frau Müller bei der guten Freundin die Unterstützung, die sie eigentlich von ihrem Ehemann erwartet hätte.

Frau Müller spricht erneut das Problem des mangelnden Kontakts an. Genauso wie in der Sequenz „Die erste Zeit" wird es nur als Begründung verwendet und tritt eher als Nebensache auf. Seine Erwähnung trägt jedoch zu dem Gesamteindruck bei, dass Frau Müller den mangelnden Kontakt eng mit der Vorstellung von einem Leben in Deutschland verknüpft. Diesen Eindruck verstärkt Frau Müller in dieser Passage dadurch, dass sie die Problematik nicht weiter ausführt und ihr damit den Status einer Tatsache gibt, die keiner weiteren Erklärungen bedarf.

Hintergrundinformation zu ‚Guanxi' in Freundschaften
Die funktionale Betrachtungsweise der Freundschaft, die Frau Müller bereits bei der Darstellung ihrer Beziehung zu ihrem Ehemann erkennen lässt, entspricht durchaus dem chinesischen Verständnis von Beziehungen. Dieses ist eng mit dem bereits erwähnten Prinzip des ‚Guanxi' verbunden, das auch auf Kollegen, Kommilitonen und Bekannten übertragen wird. Dabei gehen solche Beziehungen zwar mit gegenseitigen Verpflichtungen einher, stellen bei entsprechender Pflege aber ein Netzwerk dar, das Schwierigkeiten abfedert und das eigene Vorwärtskommen befördern kann (Lin-Huber, 2006, S. 165f.; Kuan, Häring-Kuan, 2006, S. 258-260). Außerdem kann ich aus eigener Erfahrung sagen, dass man in China viel schneller als Freund bezeichnet wird als in Deutschland.

Am Ende der Passage wiederholt Frau Müller in vier Sätzen ihren Lebenslauf und setzt damit einen deutlichen Schlussstrich unter ihre Erzählung.

4.3.2.4 Zusammenfassung

Die Personen in Frau Müllers Umfeld nehmen unterschiedliche Rollen bei ihrer Integration ein. Bei ihrem Ehemann findet sie nicht die Unterstützung, die sie erwartet. Er scheint wortkarg zu sein, und die Beziehung zu ihm wird von Frau Müller als problematisch eingeschätzt, ganz im Gegensatz zu ihren Aussagen in der ersten Passage. Dagegen bräuchte ihr Sohn selbst Unterstützung. Diese kann sie ihm aber offensichtlich nicht in ausreichendem Maß geben, da sie ihn nicht versteht und ihn mit ihren Ermahnungen nicht erreicht. Mit Maike zeichnet sie dagegen ein sehr positives Bild, über eine Freundin, die sie bei ihrer Integration aktiv unterstützt.

Es fällt der deutliche Wechsel auf, mit dem sie in dieser Passage bereitwillig ihre Schwierigkeiten zugibt. Die Probleme mit ihrem Mann und ihrem Sohn beschreibt sie ganz offen und zeichnet damit ein sehr negatives Bild ihrer Integration, das sich in der ersten Passage nur erahnen ließ. Dass sie selbst aus Unwissenheit Fehler macht, stellt sie als etwas ganz Normales dar, wobei sie sich bemüht Deutsch zu lernen und mit deutschen Gepflogenheiten vertraut zu werden. Dabei steht immer wieder die deutsche Sprache im Mittelpunkt, die sie lernen will, weil mangelnde Sprachkenntnisse sie an einer erfolgreichen Kontaktaufnahme hindern. Damit rückt sie sich in ein positives Licht und grenzt sich von den geschilderten Problemen ab, für die sie in ihrer Darstellung keine Verantwortung trägt.

4.3.3 Dritte Passage: Beruf

Während der Ausführungen über ihren Beruf weicht Frau Müller selten von ihrem Bericht über selbst erlebte Situationen ab. Ihre Erzählungen sind thematisch orientiert, so dass sie sich nur vor dem Hintergrund ihrer ersten und zweiten Arbeitsstelle in Deutschland zeitlich einordnen lassen. Sie erzählt ausschließlich aus der Perspektive des damaligen Erlebens heraus und beschreibt dabei ihre Einstellung, um die Handlung nachvollziehbar zu machen. Ab und zu fügt sie Erklärungen in allgemeiner Form hinzu, die das Gesagte ergänzen.

4.3.3.1 Die Arbeit in der ersten Firma

```
1    I: ok ehm that you find
2       found a job did this change anything
3    E: lot      (--)
4    I:      [mh]
5    E: big change     (--)
6    I:           [mh]
7    E: because i feel HAPPY      (--) when i stay in the
8    I:                    [mhmh]
9    E: OFFICE (-)and i can
10      i can do SAME job as before in china       an:d eh:
11   I:                                         [mhmh]
12   E: (-) eh very very happy
13   I:                    [mh]
14   E: eh: (1.7) not difficult (--) but i i eh i
15      before i work in m-stadt        i got lot of prob
16   I:                              [mhmh]
17   E: problem there
```

[...Frau Müller beschreibt die zwei Geschäftszweige der Firma genauer und erklärt, warum sie in der Niederlassung in M-Stadt arbeitet und nicht in He-Stadt...]

```
18   E: then they they
19      they tried to let to like me to work there but very
20      ha hard is my colleagues are all in he-stadt
21   I:                                               [mh]
22   E: i were ALONE there
23   I:             [mhmh]
24   E: there the the
25      the CHEF of the company
26      i had two chefs
27      one is the company chef not the company owner one is
28      department chef
```

```
29        there are two woman
30   I:                     [mhmh]
31   E: one
32      my department manager is a woman she
33      her job
34      i don't know what's her job but she stay with me
35      together i work she stay behind me she
36      five minutes ten minutes three minutes kommen und
37      stehen bei mir she saw what is doing frau müller
38   I:                                              [mh]
39   E: ALWAYS oder she ask     i think she has no job i
40   I:            [mh]
41   E: don't know what she's doing and other side from eh
42      manager of the company  she come every day every half
43      hour meistens every half one time not to stay here
44      and looking what's go oder she ask me what are you
45      doing this is my big problem
46   I:                           [mh]
```

[...Frau Müller erzählt, wie sie erfolgreich mit chinesischen Geschäftspartnern über den Preis von Tassen verhandelt...]

```
47   E: the two chef manager of me are ärgerlich       very
48   I:                                            [mhmh]
49   E: ärgerlich (--) i don't know why       they said we
50   I:                                   [mh]
51   E: don't need this     one one euro is ok why you say
52   I:               [mhmh]
53   E: eighty-five     certain (.) i say then it's good for
54   I:              [mh]
55   E: the company    she said <lauter> nothing for us it's
56   I:              [mh]
57   E: the same with one euro so i don't understand
58   I:                                            [mh]
59   E: then i write an email to the owner of the company he
60      send me <lauter> thank you very much frau müller you
61      did very good      this is my situation    and these
62   I:              [mhmh]                             [mh]
63   E: two people
64      two woman said why you write an email directly to the
65      owner of the company    i say why not
66   I:                  [mh]
67   E: they said you just should send to us
68   I:                                     [mh]
69   E: i say i write this thing to you you said not good so
70      i must ask him     (2.5) EVEN like this (2.0) i lost
71   I:             [mh]
```

4. Das Interview

```
72   E:  my job because these two woman are ev
73       every day with me and too much trouble they said how
74       how how spät frau müller              every day
75   I:                                                    [mhmh]
76   E:  not every day and the
77       to the owner of the company      and the
78   I:                                              [mh]
79   E:  the company managers say ok frau müller go home
80   I:                                                    [mh]
```

Meine Frage, inwieweit sich ihre Situation durch Aufnahme einer beruflichen Tätigkeit verändert habe (Z. 1.f), beantwortet Frau Müller eindeutig damit, dass sich viel verändert habe (Z. 3-5), weil sie sich glücklich fühle, wenn sie im Büro sei (Z. 7-9). Sie könne dieselbe Arbeit machen wie in China (Z. 9f.) und sei sehr glücklich (Z. 12). Nach einer kurzen Pause fasst sie die beschriebene Situation als nicht schwierig zusammen (Z. 14) und grenzt die Zeit in ihrer ersten Firma in M-Stadt, in der sie viele Probleme gehabt habe, davon ab (Z. 14-17). Dann beschreibt sie die zwei Abteilungen der ersten Firma genauer und erklärt, warum sie in M-Stadt arbeiten sollte, obwohl sie dort ganz allein gewesen sei (Z. 18-22).

Als nächstes stellt Frau Müller ihre zwei Vorgesetzten in M-Stadt vor (Z. 24-28), wobei sie betont, dass es zwei Frauen gewesen seien (Z. 29). Sowohl ihre Abteilungsleiterin als auch ihre Firmenchefin hätten sie ständig überwacht (Z. 31-45). Das fasst Frau Müller als ihr großes Problem zusammen (Z. 45) und geht dann zu einem Beispiel über, in dem sie ihre erfolgreichen Verhandlungen mit chinesischen Geschäftspartnern darstellt. Anschließend berichtet sie, wie ihre beiden Vorgesetzten über den erreichten Preisnachlass verärgert gewesen seien (Z. 47-57) und betont dabei, dass sie das nicht verstehe (Z. 49; 57). Dabei verwendet sie zwar das Präsens, aber aus dem Kontext geht hervor, dass sie die damalige Sicht ihres erzählten Ichs wiedergibt. Sie stellt dar, wie sie sich mit einer E-Mail an den Inhaber der Firma gewandt hat, der ihr Recht gegeben habe (Z. 59-61), und spielt den darauf folgenden Dialog mit ihren Vorgesetzten nach (Z. 61-70). Dann schließt sie resigniert, dass sie trotzdem ihre Arbeit verloren habe (Z. 70-72) und begründet diesen Umstand mit der üblen Nachrede ihrer Vorgesetzten (Z. 72-77), die dazu geführt habe, dass die Manager der Firma Frau Müller entließen (Z. 79).

Die spontane und doppelte Antwort auf meine Frage betont die große Bedeutung der Berufstätigkeit für Frau Müller (Z. 3-5). Ihre Ausführungen zeigen, dass sie ihr Ziel in Deutschland erreicht hat, weil sie sich wohlfühlt (Z. 7) und wieder eine vergleichbare Position wie in China einnimmt (Z. 10). Durch die doppelte Steigerung des Adjektivs „happy" (Z. 12) hebt sie die Kernaussage dieses Abschnitts hervor. Die vielen Pausen, die sie macht, vermitteln den Eindruck, dass Frau Müller nach Worten sucht, um darzustellen, wie glücklich sie wirklich ist und betonen ihre Aussagen zusätzlich. In dem gesamten Abschnitt vermittelt Frau Müller von sich den Eindruck einer Frau, die ihre Ziele erreicht und ihr Glück gefunden hat.

Mit der Einschätzung „not difficult" (Z. 14) leitet Frau Müller zu den Problemen in ihrer ersten Firma über und grenzt gleichzeitig ihre jetzige Firma deutlich davon ab. Die Ausführungen, die sie anschließt, lassen zunächst nicht erkennen, worin das eigentliche Problem bestand. Erst als sie feststellt, dass sie allein in M-Stadt war, während ihre Kollegen alle in He-Stadt waren (Z. 19-22), spricht sie einen kritischen Punkt an. Dabei betont sie „ALONE" (Z. 22) und zeigt damit ihre Verärgerung über diese Situation.

Das eigentliche Problem wird erst deutlich, als Frau Müller ihre Situation in M-Stadt genauer beschreibt. Sie beginnt einen Satz über ihre Vorgesetzten (Z. 24f.) und betont dabei das Wort „CHEF" (Z. 25). Dann unterbricht sie sich aber und stellt ihre beiden Vorgesetzten neutral als ihre Abteilungsleiterin und den Chefmanager der Firma vor (Z. 24-28), wobei sie hinzufügt, dass es Frauen gewesen seien (Z. 29). Das Ansprechen dieser Zusatzinformation ist darauf zurückzuführen, dass das Geschlecht durch das Wort „chef" (Z. 27; 28) nicht deutlich wird, es aber für Frau Müller zu einer korrekten Beschreibung ihrer Vorgesetzten dazu gehört. Als sie sich weiter über ihre Abteilungsleiterin äußert, betont Frau Müller erneut, dass diese eine Frau sei (Z. 32) und verstärkt damit den Eindruck, dass das Geschlecht ihrer Vorgesetzten für sie ein wichtiger Punkt bei der Beschreibung ist. Sie setzt dazu an, die Aufgaben ihrer Abteilungsleiterin zu beschreiben, unterbricht sich dann aber und meint, dass sie deren Aufgaben nicht kenne (Z. 33f.). Dadurch bringt Frau Müller zum Ausdruck, dass sie ihre Vorgesetzte nur selten arbeiten gesehen hat und erzeugt im Zusammenspiel mit der folgenden Aussage den Eindruck, dass die Überwachung von Frau Müller deren Hauptbeschäftigung gewesen sei (Z. 34-37). Die Aufzählung der Minuten und das betonte „ALWAYS" (Z. 39) machen deutlich, dass die beschriebene Situation häufig auftrat und nicht nur ein einmaliges Erlebnis war. Die Wortwahl „kommen und stehen" zeigt an, dass die Vorgesetzte von Frau Müller nicht nur kurz vorbeischaut, son-

4. Das Interview

dem länger verweilt, so dass der Eindruck einer ständigen Kontrolle entsteht. Der Sprachwechsel zu deutschen Vokabeln lässt zudem auf die starke emotionale Beteiligung während des Erzählens schließen, da sie ohne lange nachzudenken die Vokabeln verwendet, die ihr als erstes einfallen. Indem Frau Müller ihrer Vorgesetzten explizit eine eigene Aufgabe abspricht und wiederholt, dass sie deren Aufgabe nicht kenne (Z. 39-41), verstärkt sie das Bild einer Vorgesetzten, deren einzige Aufgabe die ständige Überwachung ihrer Mitarbeiter ist.

Das Verhalten der Chefmanagerin der Firma beschreibt Frau Müller ähnlich (Z. 41-45). Die genaue zeitliche Angabe, dass sie jeden Tag alle halbe Stunde vorbeikomme (Z. 42f.), erzeugt den Eindruck einer systematischen Überwachung, die allerdings durch den Zusatz „meistens" (Z. 43) etwas abgemildert wird.

Mit dem folgenden Beispiel präsentiert sich Frau Müller als selbstständig und erfolgreich, so dass sie der übermäßigen Kontrolle der beiden Vorgesetzten jede Berechtigung abspricht. Ihren erfolgreichen Verhandlungen stellt Frau Müller die verärgerte Reaktion ihrer Vorgesetzten gegenüber, die sie durch Steigerung hervorhebt (Z. 47-49) und durch ihr eigenes Unverständnis (Z. 49) grundlos erscheinen lässt. Indem sie ein Argument der Vorgesetzten wiedergibt, das dem Prinzip der Profitmaximierung der Firma widerspricht (Z. 49-53), stellt sie deren Kompetenz und Geschäftssinn in Frage. Mit dem Ausruf „certain" (Z. 53) versichert Frau Müller mir als Interviewerin, dass ihre Aussage der Wahrheit entspricht und zeigt gleichzeitig, wie abwegig das Verhalten der Vorgesetzten in ihren Augen ist. Ihr erzähltes Ich gibt das offensichtliche Gegenargument wieder, dass ihr Handeln vorteilhaft für die Firma sei (Z. 53-55). Da die Antwort der Vorgesetzten in der Darstellung von Frau Müller aus der lauteren Wiederholung desselben Arguments besteht (Z. 55-57), verstärkt sich der Eindruck der Irrationalität der Vorgesetzten, die auf ihrer eigenen Meinung beharren, auch wenn diese mit guten Argumenten widerlegt wird. Dieser Eindruck macht das Unverständnis, das Frau Müller erneut zum Ausdruck bringt (Z. 57), für den Zuhörer nachvollziehbar. Ihr erzähltes Ich wendet sich an den Inhaber der Firma, als neutrale Instanz mit großem Einfluss, und bekommt Recht (Z. 59-61). Die lautere wörtliche Rede, mit der Frau Müller die Meinung des Inhabers der Firma kennzeichnet, hebt dessen Aussage hervor und stärkt gleichzeitig die Position ihres erzählten Ichs. Sie zeigt außerdem, dass sie sich nicht so leicht einschüchtern lässt und sich gegen ungerechte Behandlung zu wehren weiß. Mit der Reaktion ihrer Vorgesetzten auf die E-Mail (Z.

60-66) verstärkt Frau Müller deren negatives Bild, da es ihnen unangenehm ist, dass der Inhaber der Firma informiert wurde und sie somit indirekt ihr Unrecht eingestehen. Damit nimmt Frau Müller ihnen auch den letzten Rest an Glaubwürdigkeit, und sie wirken endgültig willkürlich und ungerecht.

Frau Müller stellt diesen Konflikt durch Veränderung der Stimmlage und Dialogwiedergabe sehr lebhaft dar. Mit den Einwürfen über ihr Unverständnis identifiziert sie sich mit ihrem erzählten Ich und versetzt sich emotional in dessen Situation.

Nach der langsamen Steigerung des Verhaltens ihrer Vorgesetzten von der ständigen Kontrolle über das Aberkennen guter Leistung bildet die Entlassung von Frau Müller den Höhepunkt ihrer Erzählung (Z. 70-79). Sie setzt ihn durch das betonte „EVEN" (Z. 70) von der vorangegangenen Erzählung ab und hebt ihn durch lange Pausen hervor (Z. 70). Der Vorwurf, dass ihre Vorgesetzten für ihre Entlassung verantwortlich seien (Z. 72f.), scheint durch das zuvor von ihnen gezeichnete negative Bild glaubwürdig, so dass Frau Müller erneut als schuldloses Opfer auftritt und keine Schuld für ihre Entlassung trägt.

Zu Beginn dieser Sequenz stellt sich Frau Müller in das Licht einer erfolgreichen Geschäftsfrau, die glücklich ist, nachdem sie ihr Ziel erreicht hat. Auf dieser Grundlage kann sie Probleme eingestehen, die sie in der ersten Firma hatte. Dabei erwähnt sie zwar, dass die Trennung von ihren Kollegen ein Problem gewesen sei, geht darauf aber nicht weiter ein, sondern beschreibt ausführlich das Verhalten ihrer Vorgesetzten, mit deren häufigen Kontrollen sie große Schwierigkeiten hatte. Sie stellt sie sehr überzeugend als willkürlich und inkompetent dar und macht sie auch für ihre Entlassung verantwortlich. Frau Müller versucht zwar, sich zu wehren, ist aber gegen ihre Vorgesetzten machtlos und wird trotz guter Leistungen entlassen. Damit zeichnet Frau Müller ein ähnliches Bild wie von ihrer ersten Entlassung in China in der Sequenz „Die Zeit in China". Ebenso wie damals trägt sie keine Schuld an ihrer Entlassung, ist aber machtlos etwas daran zu ändern. Auffallend ist die große Ausdruckskraft, mit der Frau Müller dem Zuhörer ihren Standpunkt vermittelt. Die überzeugende Darstellungsweise könnte darauf hindeuten, dass sie ihre Entlassung bereits öfter begründen musste und deshalb schon eine publikumswirksame Version parat hat.

Als ich als Interviewerin nach weiteren Beispielen frage, bricht Frau Müller kurz aus ihrer Erzählerrolle aus und fragt nach meiner Heimatstadt. Nachdem ich mich als Westdeutsche zu erkennen gegeben habe, deutet Frau Müller das Verhalten ihrer

4. Das Interview

Vorgesetzten in M-Stadt als Fremdenfeindlichkeit, die sie der Tatsache zuschreibt, dass diese aus dem Osten Deutschlands kamen. Sie vergleicht deren Verhalten mit ihren Vorgesetzten in H-Stadt, wo sie zur Zeit des Interviews arbeitet.

Da für mich die Nachfragephase mit der Erzählung über den Beruf abgeschlossen ist, gehe ich dazu über, eigene Impulse für bestimmte Themengebiete zu setzen. Frau Müller bleibt aber gedanklich noch bei ihrer Arbeit und antwortet auf die Frage, mit welchen Erwartungen sie nach Deutschland gekommen sei, mit einem weiteren Vergleich zwischen ihrer ersten und zweiten Firma.

4.3.3.2 Die internationale Geschäftsfrau

```
1   I:  ehm when you
2       before you came to germany when
3       when you still were in china oh and you prepared for
4       going to germany the first time
5       what did you think of germany what did
6       did you expect
7   E:  <leise> i think germany is a good country
8   I:                                           [mhmh]
9   E:  an:d eh i i
10      but in this time i don't know i will not have contact
11      in germany because i
12      i'm a business woman international
13  I:                                   [mhmh]
14  E:  INTERNATIONAL business woman
15      i had
16      i have so much business friends
17      aber in china i have lots of friend
18      i think for me it's easy to find a friend in germany
19          eh but actually (-)<schnipst> eh: i have
20  I:  [mhmh]
21  E:  friends in in h-stadt          because i: eh: in
22  I:                                [mhmh]
23  E:  in the first company i have no friends because the
24      the CHEF there the MANAGER of the company <abgesetzt>
25      DOESN'T ALLOW the OTHER COLLEAGUES COME to me
26      IF one people come to me i don't know what she said
27      to this person then second day this person don't say
28      hallo oder guten morgen to me
29      the people behind me are talking what
30      lot about me i don't know what they are saying
31      talking
32  I:          [mhmh]
33  E:  in THIS company not
```

```
34        in h-stadt and after working i have good friends
35        there and they i i eh
36        i play schach          every evening there oder the
37   I:                 [mhmh]
38   E:   people come there every thursday they
39        we read bibel
40        and ehm
41        or if i want i can always go with the person to every
42        place for the
43        to the bible oder for something
44        and now meistens i want to
45        i want to play schach
46   I:                              [mh]
```

Die etwas längere Ausführung meiner Frage ist darauf zurückzuführen, dass Frau Müller meine ursprüngliche Frage nicht verstanden hat und ich sie daraufhin ausführlicher wiederholt habe (Z. 1-6). Frau Müller antwortet zunächst leise, dass sie Deutschland als gutes Land betrachtet habe (Z. 7) und fügt erklärend hinzu, dass sie zu dieser Zeit noch nicht gewusst habe, dass sie hier keine Kontakte finden würde (Z. 9-11). Das begründet sie damit, dass sie als internationale Geschäftsfrau in China sehr viele Freunde hatte (Z. 11-17) und deshalb davon ausging, dass sie auch in Deutschland leicht Freunde finden würde (Z. 18). Dann unterscheidet sie in Deutschland zwischen H-Stadt, wo sie Freunde hat (Z. 19-21) und ihrer ersten Firma, in der sie wegen ihrer Vorgesetzten keine Freunde hatte (Z. 23-28). Sie sagt, dass dort die Leute über sie geredet haben (Z. 29-31) und betont, dass es in H-Stadt anders sei (Z. 33f.) und sie mit ihren Freunden etwas unternehmen könne (Z. 35-45).

Frau Müller spricht ihre direkt leise Antwort (Z. 7) mit einem Seufzen aus. Das kann daran liegen, dass sie sich an ihre hohen Erwartungen erinnert, die sich nicht erfüllt haben. Die Erklärung, die sie anfügt (Z. 9-11), stellt dieser Erwartung das Problem gegenüber, dass sie keinen Anschluss in Deutschland gefunden hat und lässt ihr erzähltes Ich naiv erscheinen, da es noch keine Vorstellung davon hatte, welche Probleme auf es zukommen würden. Dieses Eindruckes erwehrt sie sich aber mit der Bezeichnung als internationale Geschäftsfrau (Z. 11-14), wobei sie das „INTERNATIONAL" (Z. 14) besonders betont und sich so als offen und welterfahren darstellt. Durch die zweimalige Aussage, dass sie in China viele Freunde hatte (Z. 16f.), weist sie einerseits eigenes Verschulden an ihren mangelnden Kontakten zurück und begründet andererseits ihre damalige Erwartung, dass es leicht sein würde, in Deutschland Freunde zu finden (Z. 18). Die Aussage, dass sie Freunde in H-Stadt habe (Z. 19-21), leitet sie durch das Adverb „actually" (Z. 19) und die Pause im Anschluss ein. Zusammen mit dem Fingerschnipsen deutet dieser Einwurf darauf hin, dass ihr der Gedanke gerade erst gekommen ist, und zeigt damit, dass sie ihre heutige Situation deutlich von der Zeit ohne Kontakt unterscheidet.

In dem Vergleich mit der ersten Firma (Z. 23-31), macht sie erneut ihre Vorgesetzten für ihre Situation verantwortlich (Z. 23-25). Sie spricht dabei sehr deutlich und betont, was einerseits anklagend wirkt, andererseits aber auch ihre Empörung widerspiegelt. Das von Frau Müller beschriebene Vorgehen ihrer Vorgesetzten gegen Kollegen, die freundlich zu ihr sind (Z. 26-28), verschärft den Eindruck von Isolation. Mit der zeitlichen Einordnung „second day" (Z. 27) unterstellt Frau Müller eine sofortige Reaktion, und durch die Aussage, dass ihre Kollegen sie nicht einmal mehr grüßen (Z. 27f.), überspitzt sie die Aktivitäten ihrer Vorgesetzten dahingehend, dass diese absolute Macht ausüben und selbst alltägliche Nettigkeiten verhindern. Die Tatsache, dass sie hier von ihren Kollegen spricht, widerspricht der Aussage aus der letzten Sequenz, in der sie behauptet hat, allein in M-Stadt gewesen zu sein. Vielleicht hat sie aber damit auch genau diese Einsamkeit ohne Freunde gemeint. Mit der nächsten Aussage erweitert Frau Müller die Anfeindungen, denen sie ausgesetzt war, auch auf ihre Kollegen, die zwar nicht mit ihr, dafür aber über sie reden (Z. 29-31). Nachdem sie so ein von Isolation und Feindlichkeit geprägtes Bild über ihre erste Firma gezeichnet hat, stellt sie diesem Bild ihre zweite Firma gegenüber (Z. 33-45), die sie gleich in ihrer ersten Aussage deutlich abgrenzt (Z. 33). Sie sagt nicht nur, dass sie dort Freunde habe, sondern gute Freunde, mit denen sie jeden Abend etwas unternehme (Z. 34-36). Durch Ausdrücke wie „every evening", „every place" und „always" (Z. 36; 41f.) erweckt sie den Eindruck, dass sie nie alleine ist und immer ein Freund da ist, zu dem sie gehen kann, und beschreibt damit das genaue Gegenteil zu ihrer alten Firma.

In dieser Sequenz wird deutlich, dass Frau Müller ihre in der ersten Passage aufrecht erhaltene Einschätzung von einem wunderbaren und schönen Deutschland teilweise aufhebt. Vielmehr verbindet sie Deutschland eng mit der Schwierigkeit, Kontakte zu knüpfen. Dabei ist es ihr wichtig, ihre Selbstdarstellung als erfolgreiche Geschäftsfrau beizubehalten, wobei sie diesen Erfolg nicht mehr nur an einem Arbeitsplatz misst, sondern auch mit Freundschaften in Verbindung bringt. Ihren anfänglichen Misserfolg begründet sie mit der Feindseligkeit ihres Umfelds, so dass sie keinen Anteil daran hat. Vielmehr zeigen ihre vielen Freunde in China und in H-Stadt, dass sie unter normalen Umständen sehr wohl Freunde finden kann und damit erfolgreich ist. Der Gegensatz, den sie zwischen ihrer ersten und ihrer zweiten Arbeitsstelle herstellt, unterstützt die aus der letzten Sequenz hervorgehende entscheidende Verbesserung ihrer Situation in H-Stadt.

4.3.3.3 Zusammenfassung

Frau Müller präsentiert sich in dieser Passage als erfolgreiche internationale Geschäftsfrau, deren Kompetenz zwar in der ersten Firma nicht anerkannt wurde, die aber in ihrer zweiten Firma erfolgreich und glücklich ist. Auf dieser Grundlage kann sie offen über die Probleme reden, die sie in der Ungerechtigkeit ihrer Vorgesetzten und dem wenigen Kontakt in Deutschland sieht. Sie spricht bereits Fremdenfeindlichkeit in Bezug auf ihre Vorgesetzten an, geht darauf aber erst in der nächsten Passage genauer ein.

Die häufige Verwendung deutscher Wörter in dieser Passage lässt sich einerseits dadurch erklären, dass Frau Müller in diesem Zeitabschnitt bereits häufiger auf Deutsch kommunizierte. Andererseits spiegelt sie aber auch die große emotionale Beteiligung wider, die das Erzählen bei Frau Müller auslöst.

4.3.4 Vierte Passage: Fremdenfeindlichkeit

In dieser Passage orientiert sich Frau Müller an der darzustellenden Thematik. Sie stellt ihre Theorie über die Menschen in Ostdeutschland und ihre Auffassung über Leistung und Erfolg in allgemeiner Form dar. Als sie über ihren Sohn erzählt, beschreibt sie die Situation von außen, geht dann aber zu ihrer eigenen Sichtweise über. Die Passage wird dominiert von ihrer Argumentation zur Fremdenfeindlichkeit, für die sie die Erzählung über die Situation ihres Sohnes als Beleg angibt und daraus Schlussfolgerungen zieht, wie man sich als Ausländer verhalten sollte, um Erfolg zu haben.

Nach einer Unterbrechung durch ihren Ehemann, der Getränke anbietet, greift Frau Müller das Thema Unterschiede zwischen Ost- und Westdeutschland wieder auf. Sie begründet erst anhand eines historischen Rückblicks, warum sich Ost- und Westdeutsche voneinander unterscheiden, und gibt dann die ostdeutsche Denkweise in einem Dialog wieder, bei dem sie ihr Gegenüber nicht weiter benennt. Anschließend stellt sie das Verhalten der Ostdeutschen dar.

4.3.4.1 Die Ostdeutschen

```
1    E:  ok the people in EAST they don't want to open they
2        want they
3        even they want to CLOSE when they see foreigners here
4        they are angry         automatic angry
5    I:                     [mhmh]
6    E:  they don't get
7        even they see a foreigner in the STREET and eh
8        foreigner do nothing just eh EATING oder GOING ah the
9        the east german people they <lauter> angry
10       immediately
11   I:                 [mh]
12   E:  <acc> do you know it      but he can say nothing he
13   I:                     [mhmh]
14   E:  can DO nothing because foreigner here do
15       did nothing but he is angry allein
16       IF this foreigner said eh going oder mayBE did
17       MADE a wrong thing but like
18       this foreigner don't know it this is wrong
19   I:                                     [mhmh]
20   E:  then the german people are (--) crazy (-) laut
21   I:                                             [mh]
22   E:  and they <mit hoher Stimme> ah::: ah:: why don't
```

```
23      leave you speaking you are there why you do the
24      booboo why you come to germany why you don't go back
25      why why
26      und und so like this         east german people is like
27   I:                       [mhmh]
28   E: this        EAST german people MOST like this
29   I:         [mh]
30   E: WENIG like raphaela       and eh
31   I:                      [mh]
32   E: and no problem
33      it's the SAME for raphaela something
34      WEST german people is MOST like raphaela it's
35      they see a foreigner is NOTHING special
36      it's the SAME
```

Frau Müller beginnt die Sequenz mit der Feststellung, dass Ostdeutsche sich nicht öffnen wollen und ärgerlich würden, sobald sie einen Ausländer sähen (Z. 1-4). Die Wortwahl „open" steht im Zusammenhang mit der Beschreibung über die DDR, deren Zusammenbruch sie als Öffnung bezeichnet hat. Sie stellt fest, dass die bloße Anwesenheit eines Ausländers ausreiche, um eine ärgerliche Reaktion bei Ostdeutschen hervorzurufen (Z. 6-15). Auf ein Fehlverhalten eines Ausländers aufgrund von Unkenntnis würden Ostdeutsche unverhältnismäßig laut reagieren (Z. 16-26), was Frau Müller mit verstellter Stimme nachahmt. Dann wiederholt sie, dass dieses Verhalten sich auf Ostdeutsche beziehe (Z. 26-28) schränkt aber gleich darauf ein, dass es auch Ausnahmen wie Raphaela gebe, die nicht ausländerfeindlich seien (Z. 28-33). Dem stellt sie gegenüber, dass Westdeutsche meistens so seien wie Raphaela und nichts Besonderes in einem Ausländer sehen würden (Z. 34-36).

Frau Müller beschreibt zunächst das Verhalten der Ostdeutschen aus ihrer Sicht, wobei sie durch die Betonung von „EAST" (Z. 1) ihren Bezugspunkt verdeutlicht. Sie steigert die nicht gewollte Öffnung mit dem Ausdruck „CLOSE" (Z. 3) und verstärkt durch das Adverb „even" (Z. 3) dessen Wirkung. Dann hebt sie die Aggressivität der Ostdeutschen in Bezug auf Ausländer hervor (Z. 3f.), indem sie das Adjektiv „angry" mit dem Zusatz „automatic" wiederholt (Z. 4). Den Aspekt, dass diese Aggressivität ohne ersichtlichen Auslöser auftritt, vertieft Frau Müller in der folgenden Darstellung. Sie beschreibt eine Szene, in der ein Ausländer sich auf der Straße, also einem öffentlichen Bereich, aufhält und dort entlang geht oder etwas isst, also alltäglichen Beschäftigungen nachgeht (Z. 7f.). Sie betont die Wörter „STREET", „EATING" und „GOING" und unterstreicht damit die Alltäglichkeit des Handelns.

4. Das Interview

Diesem Ausländer stellt sie einen Menschen aus Ostdeutschland gegenüber, der sofort wütend werde (Z. 9). Sie spricht dabei die Worte „angry immediately" (Z. 9f.) lauter und eindringlicher und legt durch das Adverb „immediately" eine besondere Betonung auf die grundlose, automatische Reaktion. Dieser Eindruck wird ebenfalls durch die Aussage bekräftigt, dass sich der Ausländer auf der Straße aufgehalten habe (Z. 7), die nahe legt, dass es keinen Bezug zwischen ihm und dem Deutschen gibt. Sowohl das Bild des Ausländers als auch des Menschen aus Ostdeutschland werden in dieser Szene verallgemeinert und als Stereotype verwendet, so dass nicht klar wird, ob Frau Müller selbst in einer solchen Situation gewesen ist. Nach dieser Beschreibung wendet sich Frau Müller mit einer etwas schneller gesprochenen rhetorischen Frage an mich als Interviewerin (Z. 12), um sich zu vergewissern, dass die Problematik der Situation verstanden worden ist. Den Eindruck, dass der Ausländer keinen Einfluss auf die Situation habe, verstärkt sie, indem sie eine parallele Satzstruktur verwendet und im zweiten Satz das Verb „say" zu einem betonten „DO" steigert (Z. 12-14). In der Erklärung, die sie anschließend abgibt, wiederholt sie ein weiteres Mal, dass der Deutsche ohne Anlass wütend werde (Z. 14f.). Die dritte Variation des Zusatzes zu „angry" durch das deutsche Wort „allein", zeigt Frau Müllers Erregung und den Wunsch, die Problematik der Deutschen, die ihr gegenübersitzt, verständlich zu machen.

Um das Verhalten der Deutschen noch deutlicher zu machen, fügt Frau Müller eine weitere Szene mit Stereotypen hinzu, in der der Ausländer wirklich etwas falsch gemacht hat (Z. 16f.). Mit der Betonung der Worte „IF" und „mayBE" (Z. 16) schränkt sie aber ein, dass es sich nur um eine Möglichkeit und keine Tatsache handelt. Zusätzlich nimmt sie den Ausländer in Schutz, indem sie auf seine Unwissenheit hinweist (Z. 18) und damit unterstellt, dass er nicht absichtlich gegen Regeln verstoßen habe. Gleichzeitig erhebt sie den Anspruch, dass seine Umgebung für seine Unwissenheit Verständnis aufbringen sollte. Die Deutschen aus der Darstellung von Frau Müller reagieren dagegen ‚verrückt' und ‚laut' (Z. 20), wobei die Pausen zwischen den beiden Adjektiven deren Bedeutung hervorheben. Mit dem Adjektiv „crazy" (Z. 20) nimmt Frau Müller gleichzeitig eine Wertung vor, die zeigt, wie unangemessen und unverständlich das dargestellte Verhalten für sie ist. Da es ihr anscheinend nicht ausreicht, die Reaktion nur zu beschreiben, ahmt sie sie mit verstellter, hoher Stimme nach (Z. 22-25). Dabei spricht sie schnell, laut und undeutlich, so dass die aggressive

Stimmung zum Ausdruck kommt. Das langgezogene „ah::: ah::" am Anfang, lässt den Deutschen tatsächlich verrückt erscheinen, da er sich vor Ärger gar nicht mehr richtig artikulieren kann und nur noch schreit. Der folgende Monolog ist nur teilweise verständlich. Die zentrale Aussage ist wohl die Frage danach, warum der Ausländer in Deutschland sei und nicht zurück in sein Herkunftsland gehe. Diese Frage verdeutlicht die ablehnende, verschlossene Haltung gegenüber Ausländern. Frau Müller lässt den Ostdeutschen in ihrer Darstellung mehrere Fragen ohne Pause aneinanderreihen und am Ende nur noch das Fragewort „why" (Z. 25) wiederholen, so dass deutlich wird, dass es sich um rhetorische Fragen handelt, an deren Antwort er nicht interessiert ist. So wird die Frage zum Vorwurf, gegen den der Ausländer sich nicht wehren kann.

Frau Müller weist erneut darauf hin, dass sie ihre Beschreibung auf das Verhalten von Ostdeutschen bezieht und räumt ein, dass es eine Minderheit gebe, die anders sei (Z. 26-32). Dabei betont sie die Wörter „EAST", „MOST" und „WENIG" als zentrale Wörter und bekräftigt damit ihre Aussage. Frau Müller verwendet Raphaela als Beispiel für Menschen, die nicht fremdenfeindlich sind, wobei sie voraussetzt, dass mir Raphaelas Einstellung bekannt ist. Ihre Wahl zeigt aber auch, welche besondere Stellung Raphaela in Frau Müllers Leben einnimmt.

Frau Müller stellt die Westdeutschen als das genaue Gegenteil der Ostdeutschen dar (Z. 34-36). Sie betont die Begriffe „WEST", „MOST" (Z. 34), „NOTHING" (Z. 35) und „SAME" (Z. 36) und hebt dadurch die zentrale Aussage hervor.

In dieser Sequenz wird deutlich, dass Frau Müller schlechte Erfahrungen mit Fremdenfeindlichkeit gemacht hat, obwohl sie nicht zu erkennen gibt, ob sie ihre eigenen Erlebnisse schildert. Da sie im Zusammenhang mit ihren Vorgesetzten bereits in der letzten Sequenz von deren Fremdenfeindlichkeit gesprochen hat, könnte es sein, dass sie ihre Beschreibungen zum Teil darauf bezieht. Dem widerspricht allerdings, dass sie ihre erste Szene auf der Straße platziert. In jedem Fall haben ihre Erlebnisse ihr Bild von den Deutschen geprägt.

Sie unterscheidet deutlich zwischen Ost- und Westdeutschen, denen sie eine gegensätzliche Einstellung in Bezug auf Fremde unterstellt. Ihre ausschließliche Wertung schränkt sie im Hinblick auf Raphaela ein, so dass ihre Meinung differenziert erscheint. Allerdings ermöglicht es ihr gerade die Darstellung von Raphaela als Ausnahme, ihr negatives Bild der Ostdeutschen beizubehalten. Diese verbindet sie mit

Fremdenfeindlichkeit und Verschlossenheit, was vermutlich mit ihren anfänglichen Erfahrungen und den Erlebnissen in der ersten Firma zusammenhängt. Da ihre jetzige Firma in Westdeutschland liegt und sie die Menschen dort als freundlich empfindet, sieht sie in ihnen einen positiven Gegensatz zu ihren vorherigen Erfahrungen. So beruht die Unterscheidung, die Frau Müller vornimmt, zwar einerseits auf regionalen Aspekten, bezieht sich andererseits aber auf den Charakter der Menschen, der, wie bei Raphaela, nicht unbedingt von deren Wohnort abhängt.

Auffallend ist die lebhafte Darstellungsweise, mit der Frau Müller die Stereotype ihrer Schilderung kennzeichnet. Dadurch wirkt ihre Erzählung sehr überzeugend und macht ihre Meinung gut nachvollziehbar. Sie baut mit ihrer Zwischenfrage und dem Bezug auf Raphaela als gemeinsame Bekannte eine Beziehung zu mir als Interviewerin auf, was eventuell auf der Tatsache beruht, dass sie inzwischen weiß, dass sie in mir eine Westdeutsche vor sich hat.

Im weiteren Verlauf macht Frau Müller deutlich, dass ihrer Meinung nach anders denkende Minderheiten sich sowohl in Ost- als auch in Westdeutschland auf lange Sicht der Meinung der Mehrheit anschließen. Es entstehe eine Gruppendynamik, die dazu führe, dass die Minderheit der toleranteren Ostdeutschen fremdenfeindlich und die Minderheit der fremdenfeindlichen Westdeutschen toleranter würden, so dass die unterschiedlichen Einstellungen in den Regionen bestehen blieben. Über diese Theorie kommt sie auf die Probleme ihres Sohnes in der Schule zu sprechen, die sie als Beispiel für Fremdenfeindlichkeit nimmt, da seine Lehrer ihn als Ausländer ungerecht bewertet haben.

4.3.4.2 Die Notengebung des Lehrers

```
1   E:  this happened with in my son's class and we got a
2       letter one one one
3       one students write
4       wrote
5       parents wrote letter to us say eh eh eh eh i hope eh
6       god can HELP you
7       god can help your son
8       your son's situation in the class is very very BAD
9           all the teacher give him problem all the
10  I:  [mhmh]
11  E:  studtent give him problem and send us a schokolade
12          and with with eh brief with
13  I:  [mhmh]
```

```
14  E: with letter        because this real happened in the
15  I:              [mhmh]
16  E: school        then my son must go to other school
17  I:              [mhmh]                                    [mh]
18  E: other class (4.0) do you understand
19  I:                                       [mhmh]
20  E: eh: to
21     for example the teacher asked my son where are you
22     from my son say i am from china ok this is
23     examination       is kein grammatikfehler kein under
24  I:              [mhmh]
25  E: perfect show
26     the zeugnis soll eins
27     the the ehm
28     zensur soll eins geben       ok then weißt du der
29  I:                              [mhmh]
30  E: lehrer die der teacher will give him not eins give
31     him THREE ok my son said i have no grammatikfe eh
32     WRONG and all is right the teacher you speak too leis
33     too too not so
34     so BIG eh sch eh
35     stimme
36     i cannot HEAR very well    and and ALL the student in
37  I:                                 [hm]
38  E: the class heard very clear only HE cannot hear very
39     well he
40     EVERY student know HE want to give him three he don't
41     want to give him eins      oder if my son had three
42  I:                           [hm]
43  E: then he actually give him fünf or even get vier oder
44     give him six     this is happened up to now in
45  I:               [hm]
46  E: gesicht in picture    and his best is vier      and
47  I:                          [hm]                   [hm]
48  E: ok my son have a house eh house
49     eh a HOMEwork        write eh a long letter for history
50  I:                [mhmh]
51  E: and he geht to the nachhilfeschule dort
52     der leh
53     der teacher make everything for my son say hundert
54     percent you will get zensur eins     no fehler no
55  I:                                         [hm]
56  E: fehler    and my son say i'm sure i cannot get three
57  I:          [hm]
58  E:       the teacher said if you cannot get three come to
59  I: [hm]
60  E: me    my son give this to the teacher he got vier
61  I:     [hm]
```

4. Das Interview

```
62   E:  zensur
63       EVERYONE don't understand    my son said i got VIER
64   I:                          [hm]                   [hm]
65   E:  (2.2)see before in in the beginning we don't believe
66       this happened      the other student say it and now
67   I:                 [mhmh]
68   E:  we say this is not from my son      from the TEACHER
69   I:                                [mhmh]
70   E:  other teacher
71       from the nachhilfe
72       she is the exactly teacher for the gesicht      SHE
73   I:                                              [hm]
74   E:  believed the all
75       she said hundred percent zensur eins
76       but he got vier     (2.0) so SINCE this time then we
77   I:                 [mh]
78   E:  before i heard from my son <verstellt> ah: i always
79       get three oder four and actually i have no fehler
80       the all people say it's good but i only get four
81       MOST four      and SINCE this time then we know what
82   I:              [mhmh]
83   E:  happened     <leiser> before i don't believe it
84   I:          [hm]
85   E:  so he don't want to learn
86       leisten
87       that is the reason
88   I:                   [mhmh]
```

Frau Müller führt als weiteren Beleg für die Fremdenfeindlichkeit in Ostdeutschland das Verhalten der Lehrer ihres Sohnes an. Sie fasst die vorherigen Ausführungen, in denen es darum ging, dass die Menschen, die nicht fremdenfeindlich eingestellt seien, sich in Ostdeutschland im Laufe der Zeit der Mehrheit unterordneten und das ausländerfeindliche Verhalten übernähmen, dahingehend zusammen, dass genau das in der Klasse ihres Sohnes passiert sei (Z. 1). Dann erzählt sie, dass die Eltern eines Mitschülers ihres Sohnes ihr in einem Brief mitteilten, dass ihr Sohn große Probleme mit seinen Lehrern und Klassenkameraden habe (Z. 2-14). Frau Müller fügt hinzu, dass es wirklich große Probleme gegeben habe und ihr Sohn deshalb in eine andere Klasse wechseln musste (Z. 14-18). Sie vergewissert sich mit einer Rückfrage, dass sie verstanden wurde (Z. 18) und erläutert die Probleme ihres Sohnes anhand eines Beispiels. Der Lehrer habe ihrem Sohn auf Grund seiner Herkunft eine Drei anstelle einer Eins gegeben, obwohl dieser alles richtig gemacht habe (Z. 21-31). Als ihr Sohn sich beschwert habe, habe der Lehrer seine Notenvergabe damit begründet, dass ihr Sohn zu leise spreche (Z. 31-36). Dem setzt Frau Müller entgegen, dass alle Schüler ihren Sohn gut verstanden hätten und sie alle wussten, dass der Lehrer ihm schlechte Noten geben wollte (Z. 36-44). Sie spricht eine Begebenheit mit einem Bild an (Z. 44-46), führt sie aber nicht näher aus, sondern erzählt über eine Hausaufgabe, die ihr Sohn abgeben musste (Z. 48f.). Der Nachhilfelehrer ihres Sohnes habe diese Hausaufgabe erledigt und bestätigt, dass er dafür eine Eins bekommen müsste, aber der Lehrer in der Schule habe die Arbeit mit einer Vier benotet (Z. 51-62). Frau Müller fügt hinzu, dass ‚sie' ihrem Sohn zunächst nicht geglaubt haben und diese Begebenheit ihnen die Augen geöffnet habe (Z. 65-71). Dabei bleibt unklar, wer mit „we" (Z. 65) gemeint ist, aber vermutlich bezieht sie sich auf sich und ihren Ehemann. Sie kommt wieder auf den Nachhilfelehrer zu sprechen und betont, dass die Hausaufgabe von ihm gekommen sei und er hundertprozentig versichert habe, dass sie mit einer Eins zu bewerten sei (Z. 64-71). Frau Müller betont erneut, dass ‚sie' ihrem Sohn vorher nicht geglaubt haben und gibt mit verstellter Stimme wieder, wie er sich über die ungerechte Notengebung beklagt habe (Z. 76-83). Sie fügt erklärend hinzu, dass er nicht lernen wolle (Z. 85-87).

Frau Müller zitiert aus dem Brief, den sie bekommen hat und bekräftigt dabei die missliche Lage ihres Sohnes durch die Wiederholung des Adverbs „very" und die Betonung von „BAD" (Z. 8). Die parallele Satzstruktur, mit der sie ausführt, dass sowohl Lehrer als auch Schüler ihrem Sohn Probleme bereiten (Z. 9-11), wirkt, als könne sie diese Aufzählung beliebig erweitern, und lässt dadurch seine Probleme umso gravierender erscheinen. Die Versicherung, dass dies wirklich geschehen sei (Z. 14), deutet darauf hin, dass es für sie selbst unglaubwürdig klingt. Frau Müller fügt hinzu, dass ihr Sohn sogar die Klasse wechseln musste (Z. 14-18) und belegt ihre Aussage so durch Tatsachen. Gleichzeitig verdeutlicht sie das Ausmaß der Probleme. Durch die Berufung auf die Aussage der Eltern des Mitschülers (Z. 1-14) stellt Frau Müller ihre späteren Ausführungen auf eine neutrale Grundlage, die den Wahrheitsgehalt ihrer Aussagen unterstützt.

Die folgende Begebenheit beginnt Frau Müller mit der Frage des Lehrers, woher ihr Sohn stamme (Z. 21f.), wodurch sie unterstellt, dass dies für ihn eine wichtige Rolle spielt und so seine späteren Ungerechtigkeiten auf Ausländerfeindlichkeit zurückführt. Sofort im Anschluss geht sie zu einer Situation über, in der Leistungen ihres Sohnes bewertet werden. Sie stellt seine Leistungen als perfekt dar (Z. 22-28) und

4. Das Interview

macht auf diese Weise deutlich, dass die Benotung des Lehrers ungerechtfertigt ist. Durch die vertrauliche Rückversicherung „weißt du" (Z. 28) drückt sie eine gewisse Verbundenheit aus und bezieht mich als Interviewerin mit in das Geschehen ein.

Den Eindruck der ungerechten Bewertung durch den Lehrer verstärkt Frau Müller, indem sie ihn auf eine Beschwerde des Sohnes mit einem Argument antworten lässt, das sie sofort widerlegen kann (Z. 31-39). Sie stellt durch Betonung dem Lehrer als einzelner Person zweimal alle Schüler gegenüber (Z. 36-40), so dass seine Position durch die Isolation weiter geschwächt wird, während ihr eigener Vorwurf durch die übereinstimmende Meinung der Schüler bestätigt wird. Die ausnahmslose Einbeziehung aller Schüler unterstützt ihren Standpunkt zusätzlich. Frau Müller spielt die Notengebung mit ein paar Bespielen durch, bei dem der Lehrer die Leistung jeweils zwei Noten schlechter bewertet als angemessen wäre (Z. 40-44). Da die Noten ohne Zusammenhang genannt werden, verstärkt diese Darstellung den Eindruck einer willkürlichen Bewertung. Um die Berechtigung ihres Vorwurfs weiter zu bekräftigen, stellt Frau Müller dar, wie selbst die Arbeit des Nachhilfelehrers schlecht benotet wurde, weil ihr Sohn sie abgegeben habe (Z. 48-62). Mit der Person des Nachhilfelehrers hat sie einen neutralen und kompetenten Fürsprecher, der sie in ihrer Darstellung bestätigt, dass ihr Sohn eine Eins bekommen müsste (Z. 53-56). Dabei betont sie die gute Leistung durch die Aussage „hundert percent" (Z. 53f.) und die Wiederholung „no fehler no fehler" (Z. 54-56). Dass sie dabei so viele deutsche Wörter verwendet, kann an ihrer Aufregung liegen oder daran, dass der Nachhilfelehrer auch deutsch gesprochen hat und ihr deswegen die entsprechenden Vokabeln auf Deutsch präsenter sind. Der Ausruf, dass niemand verstanden habe, dass ihr Sohn nur ein Vier bekommen hat (Z. 63), zeigt ihre Empörung und untermauert durch die darin enthaltene Übertreibung „EVERYONE" (Z. 63) ihren Standpunkt.

Frau Müller macht eine kurze Pause und räumt dann ein, dass ‚sie' ihrem Sohn am Anfang nicht geglaubt haben (Z. 65f.), was auf ein Problem in der Beziehung zu ihrem Sohn hinweist. Erst diese Begebenheit habe die Meinung von Frau Müller geändert, weil der Nachhilfelehrer die Leistung erbracht (Z. 66-71) und ihr bestätigt habe, dass sie mit einer Eins zu bewerten sei (Z. 75). Die Bedeutung, die sie der Leistung und Meinung des Nachhilfelehrers beimisst, zeigt, dass sie ihn als Experten betrachtet und respektiert. Dagegen wirkt ihr Sohn, den sie mit verstellter, etwas leiernder Stimme nachahmt, eher so, als ob er sich unberechtigterweise beklagt (Z. 78-80).

Seine Aussage ist zwar eine Wiederholung dessen, was Frau Müller zuvor selbst dargestellt hat, aber so wie sie es an dieser Stelle intoniert, scheint es übertrieben. Damit wirkt er auch auf den Zuhörer unglaubwürdig und es wird verständlich, warum Frau Müller ihm zuvor keinen Glauben geschenkt hat. Sie stellt dem aber gegenüber, dass sie es jetzt besser wisse (Z. 81-83), und wiederholt, dass sie es vorher nicht geglaubt habe (Z. 83). Dabei spricht sie etwas leiser und wie zu sich selbst. Im Gegensatz zu der vorherigen Stelle verwendet sie das Personalpronomen „i" (Z. 83), so dass ihr persönliches Verhalten im Mittelpunkt steht. Es wirkt, als ob ihr bewusst wird, wie wenig Vertrauen sie zu ihrem Sohn hatte, was sie wieder in ihrem normalen Tonfall damit begründet, dass er nicht lerne (Z. 85-87). Dadurch rechtfertigt sie ihr Verhalten und revidiert gleichzeitig indirekt die Rolle des Sohnes als schuldloses Opfer.

Diese Sequenz gibt nicht nur die Problematik der Diskriminierung wieder, die der Sohn durch seine Lehrer in der Schule erfahren hat, sondern zeigt auch deutlich das mangelnde Vertrauen, das Frau Müller ihrem Sohn entgegenbringt. Sie verwendet die Aussagen außenstehender Personen als Belege für die schlechte Situation ihres Sohnes und gibt ihnen damit im Hinblick auf ihre Glaubwürdigkeit den Vorrang vor seiner Darstellung. Seine guten Leistungen, die sie der ungerechten Bewertung durch den Lehrer gegenüberstellt, stehen im Gegensatz zu ihren Erklärungen aus der Sequenz „Der Sohn", dass er nicht lerne und deswegen Fehler mache.

Im Anschluss an die Sequenz berichtet Frau Müller, wie sie ihren Sohn ermahnt habe, trotz der ungerechten Lehrer zu lernen und nicht aufzugeben. Sie zieht den Vergleich zu ihrer eigenen beruflichen Situation, in der ihr als Ausländerin ebenfalls weniger Vertrauen entgegen gebracht werde. Da sie aber ihre Aufgaben sofort erledige, stelle sie auf diese Weise sowohl ihre Vorgesetzten als auch ihre Kunden zufrieden. Unter dieser Voraussetzung brächten ihre Vorgesetzten mehr Verständnis für sie auf, falls sie eine Aufgabe einmal doch nicht schaffen sollte. Damit stellt sie ihr Verhalten als beispielhaft für ihren Sohn dar, da sie trotz der Schwierigkeiten durch ihre Leistung Erfolg habe.

Erst durch eine Frage von mir als Interviewerin kommt Frau Müller wieder auf die Situation ihres Sohnes zurück und stellt dar, wie er nach mehrmaligem Klassenwechsel auf einen Lehrer getroffen sei, der ihm eine faire Chance gegeben habe. Dann fasst sie seine Situation noch einmal kurz zusammen.

4.3.4.3 „Er kann nicht zurück"

```
1   E:  you see when the
2       when the STUDENTS see the TEACHER don't like him
3       the teachers all gave him trouble oder problem
4       of course the student know the (  )
5       they'll do it too because they see the teacher do it
6       but eh but eh only one one
7   I:  [mhmh]
8   E:  one student the parents send us a letter
9       see like this student in the class i think only one
10      or two or three the other ten more than ten student
11      don't have this thinking so this one or two student
12      cannot say this situation to other people      (12.4)
13  I:                                                 [mh]
14  E:  but we cannot go back eh:
15      my son cannot go back to china because in china the
16      the students every year learn LOT
17  I:                                         [mhmh]
18  E:  if he go back now he cannot
19      we don't know how he can finish his learning    he is
20  I:                                                  [mh]
21  E:  allein so we decide he must finish his learning here
22      (7.0) but i don't think he will work here he will
23  I:  [mh]
24  E:  LIVE here
25      for ME it is no problem for HIM BIG problem
```

Frau Müller erklärt, dass die Haltung der Lehrer dazu geführt habe, dass auch die Schüler ihren Sohn ausgegrenzt und geärgert hätten (Z. 1-5). Dabei bleibt ein Wort unverständlich (Z. 4). Sie sagt, dass die beschriebene Haltung des Mitschülers, dessen Eltern den Brief geschickt haben, nur von ein oder zwei anderen geteilt wurde und diese sich deswegen nicht durchsetzen konnten (Z. 6-12). Danach macht sie eine lange Pause (Z. 12), bevor sie erläutert, warum ihr Sohn nicht nach China zurückkehren könne (Z. 14-21). Die Schüler in China lernten jedes Jahr sehr viel und sie wisse nicht, wie er dort einen Schulabschluss schaffen könne (Z. 16-19). Nach einer erneuten Pause äußert sie die Vermutung, dass er nicht in Deutschland bleiben werde, weil seine Probleme zu groß seien, während sie keine Probleme habe (Z. 22-25).

Frau Müller spricht mich als Interviewerin direkt an und vergewissert sich so meiner Aufmerksamkeit (Z. 1). Dann stellt sie dar, wie die Schüler durch das Verhalten der Lehrer beeinflusst würden, wobei sie die zentralen Begriffe Schüler und Lehrer betont (Z. 2). Sie sagt, dass jeder Lehrer ihrem Sohn Probleme bereitet habe (Z. 3), und verschärft mit dieser Übertreibung ihre Aussage. Durch das Adverb „of course" (Z. 4) wertet sie die Reaktion der Schüler als logische Folge und macht damit implizit deutlich, dass ihr Sohn selbst nichts daran ändern konnte. Sie schränkt ein, dass es auch die Eltern gegeben habe, die ihnen einen Brief geschrieben haben (Z. 6-8), schätzt dieses Verhalten aber durch das Adverb „only" (Z. 6) als nicht relevant ein. Die Einstellung, die in dem Brief zum Ausdruck komme, werde nur von wenigen Mitschülern geteilt (Z. 9f.), deren geringe Anzahl sie durch das Adverb „only" (Z. 9) und die kleinen Zahlen „one or two or three" (Z. 9f.) hervorhebt. Sie stellt ihnen zehn oder mehr Schüler gegenüber (Z. 10f.), so dass es verständlich wird, dass sie als Minderheit nicht offen zu ihrer Meinung stehen (Z. 11f.).

Die lange Pause im Anschluss gibt Frau Müller Zeit zum Nachdenken und lässt erkennen, wie sehr sie das Thema beschäftigt. Die Überlegung, zurück nach China zu gehen (Z. 14) zeigt, dass sie alle Möglichkeiten in Erwägung zieht, um ihrem Sohn zu helfen. Dabei verwendet sie zwar zunächst das Personalpronomen „we", stellt aber sofort richtig, dass diese Überlegung nur für ihren Sohn gilt (Z. 15). Gleichzeitig werden die Folgen der Schulschwierigkeiten ihres Sohnes sichtbar, da die Schüler in China mehr lernen (Z. 15f.), was Frau Müller mit dem betonten „LOT" (Z. 16) verstärkt. Er selbst habe in Deutschland zu wenig gelernt, so dass zweifelhaft wäre, ob er in China einen Abschluss schaffen würde. Frau Müller wendet auch ein, dass ihr Sohn in China allein wäre (Z. 19-21), und macht damit deutlich, dass sie als seine Mutter nicht mitkommen würde. Sie beendet diese Argumentation mit ihrer Entscheidung, dass er in Deutschland bleiben und hier die Schule abschließen müsse (Z. 21). Wieder verwendet sie das Personalpronomen „we" (Z. 19; 21), was darauf schließen lässt, dass sie diese Frage bereits mit ihrem Mann oder ihrem Sohn diskutiert hat und sie gemeinsam zu diesem Entschluss gekommen sind. Dadurch untermauert sie ihren Standpunkt, da sie ihn nicht allein vertritt. Nach einer erneuten Pause kommt sie zu dem Schluss, dass ihr Sohn später nicht in Deutschland arbeiten oder leben werde (Z. 22-24), wobei sie ‚arbeiten' zu ‚leben' steigert (Z. 22-24) und Letzteres betont, so dass es doppelt unwahrscheinlich wirkt. Der Gedanke zeigt, dass sie sich Sorgen um die Zukunft ihres Sohnes macht. Mit dem letzten Satz vergleicht sie sich selbst mit ihrem Sohn und stellt fest, dass sie sich sehr gut in Deutschland eingelebt habe, während er große Probleme habe (Z. 25). Sie betont „ME", „HIM" und „BIG" (Z. 25) und weist so auf den Unterschied zwischen ihm und sich hin.

4. Das Interview

In dieser Sequenz spricht Frau Müller mehr über das Verhalten der Mitschüler, die in der Sequenz „Die Notengebung des Lehrers" noch als Zeugen für die Ungerechtigkeit des Lehrers fungierten, jetzt aber ihrem Sohn ebenfalls ablehnend gegenüberstehen. Dabei unterscheidet sie im Gegensatz zu den Lehrern, dass es auch einige Schüler gab, die nicht so dachten.

Die langen Pausen verdeutlichen die Brisanz des Themas, über das anscheinend auch schon in der Familie diskutiert wurde. Die Überlegung, ob der Sohn nach China zurückkehren könne, lässt erkennen, dass seine Integration bisher nicht erfolgreich war, während Frau Müller sich inzwischen in der neuen Umgebung eingelebt hat und sich insbesondere ihre beruflichen Erwartungen erfüllt haben.

4.3.4.4 Zusammenfassung

In dieser Passage geht es zunächst einmal um Ausländerfeindlichkeit. Frau Müller lässt Stereotype erkennen und zeigt damit, dass sie sich inzwischen sehr wohl ein Urteil über die Deutschen gebildet hat. Dabei bedient sie sich der Unterscheidung nach Ost- und Westdeutschen, um die Menschen zu charakterisieren.

Da Frau Müller als Beleg für die Fremdenfeindlichkeit in Ostdeutschland die schulische Situation ihres Sohnes anführt, sagt diese Passage aber auch sehr viel über die Beziehung zwischen Mutter und Sohn aus. Neben dem bereits geäußerten Unverständnis begegnet Frau Müller ihrem Sohn auch mit mangelndem Vertrauen. Ihre Zweifel an seiner Glaubwürdigkeit sind daran erkennbar, dass sie sich erst nach der Bestätigung durch Dritte von seiner Darstellung überzeugen lässt. Andererseits bereiten die Probleme ihres Sohnes Frau Müller große Sorgen und sie macht sich Gedanken über seine Zukunft. Sich selbst stellt sie aber weiterhin als leistungsstarke und vorausschauende Geschäftsfrau dar, so dass sie sich von ihrem Sohn abhebt.

Auffallend ist, dass Frau Müller in dieser Passage sehr lebhaft erzählt und mich als Interviewerin mehrmals mit rhetorischen Fragen in ihre Erzählung einbezieht. Damit zeigt sie, dass sie inzwischen ein gewisses Vertrauen aufgebaut hat.

4.3.5 Fünfte Passage: Unterschiede zwischen Deutschen und Chinesen

Im letzten großen Abschnitt frage ich nach Unterschieden, die Frau Müller zwischen China und Deutschland aufgefallen sind. Sie zählt diese in Form von allgemeinen Beispielen auf und spricht nur selten von ihren persönlichen Erfahrungen. Trotzdem lässt sie ihre eigene Sichtweise immer wieder durchblicken und erzählt teilweise aus der inneren Perspektive. Ihr Stil ist in diesem Abschnitt zwar meistens beschreibend, sie nutzt diese Beschreibungen aber, um argumentativ ihre Theorien zu belegen, mit denen sie die Unterschiede zu erklären versucht. Obwohl der Abschnitt durchweg thematisch orientiert ist, kommt Frau Müller wieder auf ihre erste Zeit in Deutschland zu sprechen und betont noch einmal, wie sehr sie damals persönliche Kontakte vermisst habe.

Zunächst erzählt Frau Müller auf die Frage, inwieweit sie deutsche Verhaltensweisen übernommen habe, jedoch eine Anekdote, wie sie während eines Aufenthalts in China versucht habe, an einer Ampel zu warten, um über die Straße zu kommen und beschreibt daran das Verkehrsverhalten der Chinesen, das sehr chaotisch zu sein scheint. Kuan und Häring-Kuan (2006) bestätigen diese Darstellung (S. 270-274) und fügen hinzu, dass sich Chinesen, die nach Deutschland kommen, über Deutsche wundern, die an einer leeren Straße stehen, und darauf warten, dass die Ampel auf Grün springt (ebd. S. 296). Mit ihrer Beschreibung nennt Frau Müller eine sehr oberflächliche, leicht wieder umkehrbare Verhaltensweise.

In der folgenden Sequenz erläutert Frau Müller, dass der Erwerb des Führerscheins in China relativ einfach sei, weil dort vor der Prüfung nur auf speziellen Übungsplätzen gefahren werde. Dafür sei später das Fahren viel schwieriger, weil zu viele Autos auf den Straßen seien, während in Deutschland die Straßen gut befahrbar seien. Auch diese Aussage bestätigen Kuan und Häring-Kuan (2006, S. 270). Im weiteren Verlauf des Interviews begründet Frau Müller ihren Wusch, den Führerschein in Deutschland zu machen, damit, dass sie ohne ihn keine Arbeit gefunden hätte.

4.3.5.1 Über Leichtigkeit und Schwierigkeiten

```
1    I:   can you think of other situations when you adopted
2         it
3    E:      [no]
4         i tell you when
5         when the people
```

4. Das Interview

```
 6        when i live here          i don't know i changed
 7   I:                     [mhmh]
 8   E:   i don't know what    i just do i just do what i
 9   I:                [mh]
10   E:   SHOULD       what i SHOULD do it
11   I:              [mhmh]
12   E:   what i: DO it very WELL eh
13        i never think is difficult oder i never think i
14        changed i think eh like eh when the when the
15        when the people want to EAT then they EAT       when
16   I:                                              [mhmh]
17   E:   the people want to DRINK then they DRINK it's
18        it's eh like a
19        like ehm nature       so for me it's not so difficult
20   I:              [mhmh]
21   E:   difficult is i have lots of friend in china        here
22   I:                                                  [mhmh]
23   E:   i have no friend and no contact       it's
24   I:                                      [mh]
25   E:   it's very boring
26   I:               [mh]
27   E:   eh so i i
28        in the beginning i went to eh
29        i sit
30        i sit down vor computer
31   I:                      [mhmh]
32   E:   in front of the computer and go to internet
33   I:                                              [mh]
34   E:   and eh: i learned lot of eh computer program
35   I:                                              [mhmh]
36   E:   when i was
37        in the beginning in the
38        in germany is
39        is i
40        i thought eh it is boring it is hard but eh i learned
41        lot     i cannot use computer before in china very
42   I:          [mhmh]
43   E:   well      and since this time i learned by myself
44   I:           [mhmh]
45   E:   what is computer program and so and something like
46        this
```

Meine Frage schließt an die vorherige an, die sich mit der Thematik beschäftigt, inwieweit sich Frau Müller an deutsche Verhaltensweisen angepasst habe (Z. 1f.). Frau Müller verneint sie ohne zu zögern (Z. 3) und verweist mich als Interviewerin auf eine frühere Aussage (Z. 4), in der sie gesagt hat, dass sie ihre Veränderung nicht bemerkt hätte, wäre sie in der Zwischenzeit nicht wieder in China gewesen. So betont sie auch jetzt, dass sie sich nicht bewusst verändert habe, sondern lediglich das getan habe, was notwendig gewesen sei (Z. 6-14). Sie verdeutlicht ihre Aussage anhand zweier Beispiele und kommt zu dem Schluss, dass sie ihren natürlichen Grundbedürfnissen gefolgt sei, was ihr nicht schwer gefallen sei (Z. 15-19). Als Gegensatz zu dieser einfachen Anpassung verweist sie auf ihre Kontaktprobleme, die sie als sehr schwierig bezeichnet (Z. 21-23). Da ihr sehr langweilig gewesen sei, habe sie gelernt mit Computerprogrammen umzugehen (Z. 25-34). Diese Zeit sei trotzdem noch langweilig und schwierig für sie gewesen, sie habe aber viel gelernt, weil sie in China nicht sehr gut mit dem Computer umgehen konnte (Z. 30-46).

Frau Müller weist die Erwartung nach weiteren Beispielen, die durch meine Frage entsteht, entschieden zurück (Z. 1-3). Da ich für die Formulierung der Frage etwas länger gebraucht habe, hatte sie wohl im Voraus Zeit darüber nachzudenken, was ihre sehr direkte Antwort erklärt. Sie knüpft an ihre bereits gemachte Aussage an und fasst sie noch einmal kurz zusammen (Z. 4-6), so dass sie deren Gehalt mit in ihre Erklärungen einbezieht, ohne sie noch einmal genauer ausführen zu müssen. Dabei spricht sie mich als Interviewerin direkt an. In der nun folgenden Erläuterung (Z. 8-12) unterstreicht Frau Müller durch die Verwendung des Adverbs „just" (Z. 8) und die Betonung des Verbs „SHOULD" (Z. 10), dass sie sich nur unbewusst und als Reaktion auf die Anforderungen, die sich aus ihrer Situation heraus ergaben, verändert habe. Gleichzeitig hebt sie aber hervor, dass sie die Aufgaben, die ihr zufielen, sehr gut gemeistert habe (Z. 12) und zeigt so, dass diese für sie keine besondere Herausforderung darstellten. Die parallele Satzstruktur und die Übertreibung „never" (Z. 13) in ihrer nächsten Aussage unterstützen den Eindruck einer unbewussten Änderung (Z. 13f.). Frau Müller veranschaulicht ihre Meinung durch zwei Beispiele (Z. 14-17), wobei sie die zentralen Wörter „EAT" (Z. 15) und „DRINK" (Z. 17) betont. Sie vergleicht ihr Verhalten mit der Natur des Menschen (Z. 19) und bezieht auf diese Weise ihre Anpassung vor allem auf alltägliche Grundbedürfnisse, die für jeden Menschen existieren. Vor diesem Hintergrund ist auch die Feststellung, dass die Anpassung für Frau Müller ganz einfach gewesen sei (Z. 19), einleuchtend.

Durch die Platzierung von „difficult is" (Z. 21) am Satzanfang betont Frau Müller, dass nicht bei der Anpassung, sondern bei der Kontaktaufnahme mit ihrem Umfeld Schwierigkeiten aufgetreten seien, und leitet so zu einem anderen Thema über. Sie

4. Das Interview 85

fasst ihre Situation, die sie früher im Interview bereits thematisiert hat, zusammen, indem sie ihre vielen Freunde in China ihrer Einsamkeit in Deutschland gegenüberstellt (Z. 21-23). Dadurch verdeutlicht sie den für sie relevanten Unterschied. Im Folgenden erläutert Frau Müller, wie sie ihre Zeit genutzt hat (Z. 25-32), wobei sie sich des Eindrucks, dass sie im Internet die Zeit totgeschlagen habe, dadurch erwehrt, dass sie darstellt, wie viel sie gelernt habe (Z. 34). Indem sie das Lernen um die Adjektive „boring" und „hard" (Z. 40) ergänzt, erhöht sie den Wert ihrer eigenen Leistung. Denselben Effekt haben die Aussagen über ihre vorherige Unkenntnis und das autodidaktische Lernen (Z. 40-43). Die angehängte Floskel „something like this" (Z. 45f.) erweckt den Eindruck einer unvollständigen Aufzählung, die Frau Müller noch erweitern könnte.

Mit den Ausführungen in dieser Sequenz lehnt Frau Müller die Vorstellung einer aktiven Veränderung ab, die durch meine Fragen entstanden ist. Stattdessen gibt sie eine Anpassung wieder, die nach ihrem Verständnis durch Reaktionen auf äußere Umstände entsteht und dadurch auf die Veränderung von Verhaltensweisen beschränkt bleibt. Vor diesem Hintergrund ist es für sie nichts Außergewöhnliches, wie sie sich in Deutschland eingelebt hat, sondern etwas ganz Natürliches. Ihre Schwierigkeiten sieht sie nicht kulturell begründet, sondern situationsspezifisch, so dass sie sie durch Anpassung nicht lösen kann.

Wie bereits in der Sequenz „Die Führerscheinprüfung" stellt Frau Müller sich selbst als Frau dar, die ihre Lage so gut wie möglich nutzt und trotz auftretender Probleme in ihren Anstrengungen nicht nachlässt.

4.3.5.2 Im Herzen Chinesin

```
1   I:    so in which way are you still chinese
2   E:    ah: ja das ist kann ich
3         i think this i cannot change because (2.4) eh:
4         chinese people eh: (--) for example how i say it
5         i can
6         i think TILL i live i cannot change (-) eh: (2.3) do
7         you know it chinese people are always very friendly
8               an:d eh: (2.8) in the company eh the people eh
9   I:    [mhmh]
10  E:    in a chinese aber they are a group        eh: in
11  I:                                              [mhmh]
12  E:    germany the company is not like the people are
```

```
13        must be group sein
14        it's separate            people are very separate
15    I:                  [mhmh]
16    E:  and in the company i like to:
17        i i work alone in the office or i stay in the
18        i i am alone in the office
19        my office and eh
20        BUT i really LIKE to stay with the people together
21              in a GROUP in the company when we have a PARTY
22    I:  [mhmh]
23    E:  when we have a eh RELAX time i i really like to stay
24        with people together to talk to LAUGH to play but in
25        germany are very very difficult people stay together
26        and eh they are like prefer
27        they prefer to stay alone
28    I:                                    [mhmh]
29    E:  so i think i cannot change
30        this is my region
31    I:                    [mh]
32    E:  eh: i think my mentalität is
33        is something like this      (4.1) oder for example when
34    I:                                    [mh]
35    E:  i stay in CHINA i go by BUS oder i go by TAXI oder i
36        go by train oder i go by airplane i can talk with my
37        my NEIGHbor       they are sit down here         in
38    I:                  [mhmh]                        [mhmh]
39    E:  germany not
40        you cannot
41        the people think you are crazy
42    I:                                    [mh]
43    E:  and in china no problem
```

Auf meine Frage hin, inwiefern sie chinesisch geblieben sei, antwortet Frau Müller überzeugt, dass sie das nicht ändern könne (Z. 2-6). Zunächst sagt sie, dass Chinesen immer sehr freundlich seien (Z. 7) und ergänzt nach einigem Nachdenken, dass Chinesen im Büro eine Gruppe bildeten, während Deutsche lieber allein seien (Z. 8-14). Das erläutert sie an ihrer eigenen Situation, da sie ein Büro für sich alleine habe, aber viel lieber mit anderen Leuten zusammen wäre, auch auf Partys oder in der Freizeit (Z. 16-24). Dagegen sei es für Deutsche sehr schwierig, mit anderen Leuten zusammen zu sein, weshalb sie lieber für sich allein blieben (Z. 24-27). Die erste Aussage ist allerdings durch den Satzbau nicht ganz eindeutig und könnte auch bedeuten, dass es schwierig sei, Deutsche überhaupt dazu zu bringen, etwas gemeinsam zu unternehmen. Frau Müller betont erneut, dass sie sich in diesem Punkt nicht ändern könne,

4. Das Interview

weil das ihre Mentalität sei (Z. 30-32). Dann erzählt sie, dass sich Chinesen bei Bus-, Zug-, oder Taxifahrten mit ihrem Nachbarn unterhalten, während Deutsche einen ‚für verrückt' hielten, wenn man es versuche (Z. 35-43).

Frau Müller reagiert auf meine Frage mit einem Ausruf, der Verstehen ausdrückt (Z. 2). Sie antwortet spontan, dass sie ihr Leben lang Chinesin bleiben werde (Z. 3-6), muss aber über genaue Beispiele etwas nachdenken, was die vielen Pausen sowie die Wiederholung des Satzes „i cannot change" (Z. 3; 6) zeigen. Sie beginnt schließlich mit einer Rückversicherung an mich als Interviewerin, mit der sie Bestätigung sucht. Sie stellt fest, dass Chinesen immer freundlich seien (Z. 7), was vermuten lässt, dass sie die Deutschen als weniger freundlich empfindet. Nach kurzem Nachdenken kommt sie auf ihre Firma zu sprechen, anhand derer sie deutlich macht, dass Chinesen sich eher als eine Gemeinschaft verstehen als Deutsche (Z. 8-14). Dabei wiederholt sie die zentralen Wörter „group" (Z. 10; 13) und „separate" (Z. 14) und verstärkt so den Gegensatz. Sie belegt ihre Aussage anhand ihrer eigenen Situation, da sie nicht gerne allein im Büro arbeite (Z. 16-19). Dass sie es dabei erst im dritten Anlauf als ‚ihr' Büro bezeichnet (Z. 19) unterstützt diese Aussage noch, da sie es anscheinend nicht gewohnt ist, ein eigenes Büro zu besitzen. Sie grenzt ihre nächste Aussage durch die Betonung von „BUT" und „LIKE" (Z. 20) von der vorherigen Beschreibung ab und hebt auch in der folgenden Ausführung die Worte „GROUP", „PARTY" (Z. 21), „RELAX" (Z. 23) und „LAUGH" (Z. 24) hervor, die alle zusammen das positive Bild einer geselligen Runde hervorrufen. Dagegen setzt sie das Bild der Deutschen, die sich in Gesellschaft schwer täten und lieber für sich allein blieben (Z. 24-27) und stellt sie damit als ungesellig und als Einzelgänger dar. Sie wiederholt zusammenfassend, dass sie sich nicht verändern könne und beruft sich dabei auf ihre Mentalität (Z. 29-33), so dass die Beständigkeit dieser Einstellung deutlich wird.

Als Nächstes spricht Frau Müller das Verhalten in der Öffentlichkeit an. Sie zählt mehrere Verkehrsmittel auf (Z. 35f.) und vermittelt so den Eindruck, dass man sich in China an jedem Ort mit seinem Nachbarn unterhalten könne (Z. 33-37). Ihre Aussage, dass das in Deutschland nicht möglich sei (Z. 37-39), verstärkt sie durch Wiederholung (Z. 40) und die Behauptung, dass ‚die Leute dich für verrückt halten würden' (Z. 41). Damit liefert sie einen weitern Beleg für die wenig aufgeschlossene Art der Deutschen.

Frau Müller zeigt hier ein weiteres Bild, das sie sich von den Deutschen gemacht hat. Während Chinesen aufgeschlossen seien und sich gerne in einer Gruppe zusammenschlössen, sind die Deutschen ungesellig und unkommunikativ. Im Zusammenhang mit ihrer ersten Aussage, dass die Chinesen immer sehr freundlich seien, liegt der Schluss nahe, dass sie das Verhalten der Deutschen als unfreundlich empfindet. Die hier dargestellten Verhaltensweisen könnten zu ihrem Gefühl der Einsamkeit vor ihrer Arbeit in H-Stadt beigetragen haben. Besonders die Tatsache, dass sie ein eigenes Büro als nicht wünschenswert ansieht, macht den großen Unterschied zu der deutschen Kultur deutlich.

Hintergrundinformation zum chinesischen Sozialverhalten im Alltag
Die Schwierigkeiten, die Frau Müller dabei hat, neue Kontakte zu knüpfen, wurden auch von anderen Chinesen erlebt und werden von Kuan und Häring-Kuan (2006) damit erklärt, dass Deutsche weniger kontaktfreudig sind und sich z..B. in der Bahn nicht unterhalten. Während es für Chinesen höflich ist, großes Interesse am Leben des Gegenübers zu zeigen, empfinden Deutsche deren Fragen oft schon als zudringlich (S. 106f.). Das führt dazu, dass Chinesen sich in Deutschland über mangelnde Anteilnahme beklagen und sich einsam fühlen (S. 297). Hinzu kommt, dass das Alltagsleben der Deutschen sich meistens im Privaten abspielt. In China trifft man sich dagegen auf der Straße und genießt den Trubel und die Geselligkeit in der Öffentlichkeit (S. 112). Diese Unterschiede spielen auch bei der Integration von Frau Müller eine Rolle, da ihr nicht dieselben Möglichkeiten wie in China zur Verfügung stehen, um Kontakte zu knüpfen.
Die Ansicht, dass Chinesen sich mehr als Gemeinschaft verstehen als Deutsche, wird auch von Mohl (1999) geteilt, wenn sie meint, dass „Chinesen [...] sich als Teil eines Ganzen" begreifen (S. 44). Zinzius (2007) spricht in Bezug auf Betriebe oder anderen Arbeitsstätten von einer ‚danwei', also einer sozialen Organisationseinheit, die gleichzeitig eine Lebensgemeinschaft bildet (S. 49). Auch Kuan und Häring-Kuan (2006) nennen die ‚danwei' als wichtige Struktur des chinesischen Lebens, schränken aber ein, dass diese im Wandel begriffen sei (S. 261).

Frau Müller fährt mit ihrer Aufzählung von Unterschieden im Büro fort und stellt fest, dass Deutsche ein anderes Verständnis für den Umgang mit mitgebrachten Lebensmitteln haben. In China seien sie allgemeiner Besitz, an dem sich jeder bedienen dürfe, in Deutschland dagegen werden sie selbst dann nicht angerührt, wenn sie längere Zeit herumliegen und niemand wisse, wem sie gehören. Dann erzählt Frau Müller, dass neue Kollegen in Deutschland nur widerwillig akzeptiert würden und sehen müssten, wie sie sich selbst helfen. Demgegenüber würden chinesische Kollegen alle versuchen, dem neuen Kollegen unter die Arme zu greifen.

4.3.5.3 Zusammenfassung

Wie es auch beabsichtigt war, werden in dieser Passage sehr viele Kulturunterschiede deutlich. Während Frau Müller eher oberflächliche und wenige Beispiele dazu anführt, wie sie sich an deutsche Verhaltensweisen angepasst habe, kann sie auf Anhieb etliche Bereiche nennen, in denen sie sich von dem Verhalten der Deutschen distanziert. Dieser Umstand belegt zusammen mit ihren eigenen Aussagen, dass sie sich immer noch sehr als Chinesin fühlt.

Ihre Anpassung ist auf das Ziel ausgerichtet, einen guten Arbeitsplatz in Deutschland zu finden. Dieses Ziel versucht sie mit allen Mitteln wie dem Erlernen von Computerprogrammen und der Führerscheinprüfung zu erreichen. Da sie mit ihren Bemühungen Erfolg hat, wirkt sie äußerlich gut integriert, zeigt aber bei genauerer Betrachtung, dass ihr viele Verhaltensweisen und Einstellungen der Deutschen weiterhin fremd sind.

4.4 Zusammenfassende Darstellung

Anhand der in Kapitel 3.2.3 und Kapitel 3.2.4 genannten Leitfragen fasse ich die Analyseergebnisse in diesem Kapitel zusammen.

4.4.1 Inhalt

Inhaltlich interessieren mich zunächst die Bilder und Vorstellungen, die Frau Müller von Deutschland hat. Bevor sie ankam, erschien ihr Deutschland als das Land, in dem ihre beruflichen Wünsche in Erfüllung gehen würden und sie die Chance bekäme, ein neues Leben zu beginnen. Dieses positive Bild prägte auch ihren ersten Eindruck von Deutschland als wunderbar sauberes und schönes Land, in dem alles neu und interessant war. Zu Beginn war Frau Müller zuversichtlich, dass sie sich schnell an die fremde Kultur anpassen könnte, auch wenn sie noch nicht viel Kontakt mit den Deutschen hatte.

Ihr Bild ändert sich, als sie schlechte Erfahrungen mit Deutschen macht. Sie hält die Deutschen für distanziert und bezeichnet die Menschen aus dem Osten Deutschlands als aggressiv und fremdenfeindlich, während ihr die Westdeutschen toleranter erscheinen. Bemerkenswert ist dabei die klare Trennung zwischen Ost- und Westdeutschland, die sie vornimmt. Trotz ihrer klaren Vorstellungen versucht Frau Müller zu Beginn des Interviews möglichst neutral zu wirken und vermeidet Wertungen.

Die zweite Frage untersucht die Probleme, die Frau Müller in Deutschland zu bewältigen hatte. Es fällt auf, dass sie zu Beginn des Interviews mehrmals betont, dass alles sehr unkompliziert abgelaufen sei und die Anpassung an die fremde Umgebung für sie kein Problem darstellte. Selbst als sie zugibt, in der ersten Zeit Schwierigkeiten mit dem fremden Essen gehabt zu haben, betont sie, dass dies die einzige Schwierigkeit gewesen sei.

Allerdings werden schon am Anfang Probleme deutlich, die sie erst später direkt anspricht. Dazu gehören der mangelnde Kontakt, auf den sie während des gesamten Interviews immer wieder zu sprechen kommt, und die sprachliche Barriere, die zu ihrer Isolation beiträgt. Das Verhältnis zu ihrem Ehemann stellt Frau Müller in der ersten Passage zwar noch positiv dar, spricht aber später über schwierige Aspekte in der Beziehung. Sie bemängelt seine fehlende Unterstützung und dass er zu wenig mit ihr rede, obwohl er ihr eine große Hilfe bei der Anpassung an die neue Umgebung und beim Deutschlernen sein könnte. Auch in der Beziehung zu ihrem Sohn wird eine große Spannung deutlich. Frau Müller macht ihm einerseits Vorwürfe wegen seiner schlechten Leistungen, sieht ihn andererseits aber auch als Opfer der Diskriminierung durch seine Lehrer und Mitschüler und macht sich große Sorgen um seine Zukunft. Auch für sie selbst stellt die Fremdenfeindlichkeit ein großes Problem dar, dem sie das Verhalten ihrer Vorgesetzten in der ersten Firma zuordnet.

Der zweite Teil der Frage bezieht sich darauf, wie Frau Müller mit ihren Problemen umgeht. Sie redet mit ihrem Mann und ihrem Sohn und spricht die Probleme offen an, kann aber nicht viel erreichen. Genauso wenig Erfolg hat sie, als sie sich gegen ihre Vorgesetzten zur Wehr setzt. Ihre Kontaktschwierigkeiten kann sie zwar abmildern, nachdem sie Maike und Raphaela kennen gelernt hat, aber eine deutliche Verbesserung tritt erst ein, als Frau Müller ihre zweite Arbeitsstelle findet.

Da der Wunsch nach Berufstätigkeit die gesamte Migrationsgeschichte von Frau Müller dominiert, gehe ich an dieser Stelle darauf ein, obwohl diese Thematik nicht durch meine Fragestellung abgedeckt ist. Frau Müller hat ihren Beruf immer als Ziel vor Augen und arbeitet auch in schwierigen Situationen darauf hin. Durch ihre Probleme in Deutschland wird das Ziel, eine gute Arbeitsstelle zu finden, immer wichtiger. Sie hat sie fest in ihr neues Leben eingeplant, so dass sie in vielen Situationen sehr zielstrebig vorgeht und ehrgeizig darum bemüht ist, Deutsch zu lernen und sich andere Kenntnisse, z.B. über Computerprogramme oder den Führerschein anzueignen. Sie gibt auch nicht auf, als sie bei ihrem ersten Versuch auf ein feindseliges Umfeld trifft und es ihr nicht gelingt, dort akzeptiert zu werden. Stattdessen sucht sie weiter nach einer anderen Stelle, so dass ihre Bemühungen am Ende von Erfolg gekrönt sind. Dabei löst die Berufstätigkeit zugleich das Problem ihrer Langeweile und der wenigen Freunde. Damit ist sie nicht mehr auf fremde Hilfe angewiesen und führt unabhängig von ihrem Mann und ihren Schwiegereltern ein selbstständiges Leben. Welchen Stellenwert Frau Müller ihrer Berufstätigkeit beimisst, zeigt auch die Tatsache, dass sie während der Woche in H-Stadt wohnt und nur am Wochenende zu ihrem Mann und ihrem Sohn zurückkehrt.

Meine letzte inhaltliche Frage dreht sich um die Kulturunterschiede, die Frau Müller aufgefallen sind. Sie erkennt Unterschiede zwischen deutscher und chinesischer Kultur und akzeptiert diese. Allerdings passt sie sich nur soweit an, wie es die Umstände erfordern, auch wenn sie immer bereit ist, Neues zu lernen. Es fällt auf, dass sie sich zwar äußerlich gut integriert hat, ihre Wertvorstellungen aber chinesisch geblieben sind, so dass ihr auch heute noch viele Verhaltensweisen der Deutschen fremd erscheinen.

Viele Unterschiede, die Frau Müller beschreibt, sind auch bei oberflächlicher Betrachtung leicht auszumachen und bedürfen keiner weiteren Erklärung. Sie werden von Frau Müller schnell akzeptiert und es fällt ihr leicht, sich daran anzupassen. Unter diese Einteilung fallen die Anforderungen des alltäglichen Lebens wie z.b. das fremde Essen oder andere Verkehrsregeln. Da sich Frau Müllers Verständnis von Anpassung auf diese Äußerlichkeiten beschränkt, sieht sie darin etwas ganz Natürliches, das automatisch und ohne bewusste Anstrengung erfolgt. Es gibt aber auch Unterschiede, die nach tiefergehenden Deutungen verlangen, weil ihnen andere kulturelle Denkmuster zu Grunde liegen. In der Erzählung über die Schwiegereltern kommen unterschiedliche Auffassungen von Gastfreundlichkeit und Rücksichtnahme zum Tragen. Die Klage über mangelnde Kontrolle in der Schule lässt sich auf ein anderes Verständnis der Rolle des Lehrers zurückführen. Im täglichen Umgang mit anderen Menschen spielen ‚guanxi' und andere Umgangsformen eine Rolle. Diese kulturellen Unterschiede lassen sich zum großen Teil auch in Handbüchern und Ratgebern über China wiederfinden.

Neben den Unterschieden, die Frau Müller explizit anspricht, fallen während des Interviews weitere Verhaltensweisen auf, die durch ihre chinesische Herkunft geprägt sind. So weisen ihre Erzählungen teilweise eine im chinesischen Raum verbreitete Erzählstruktur auf und Frau Müller lässt ein sehr funktionales Verständnis von Freundschaft und Beziehungen erkennen.

4.4.2 Selbstdarstellung

Das dominierende Bild, das Frau Müller von sich zeichnet, ist das einer erfolgreichen Geschäftsfrau, die trotz aller Schwierigkeiten ihren Weg zum angestrebten Ziel gemeistert hat. Dabei hat sie ihre Chancen genutzt und nie in ihren Bemühungen nachgelassen, ehrgeizig für ihr Ziel zu kämpfen. Frau Müller stellt dar, wie sie oft selbst die Initiative ergreift, um ihre Lage zu verbessern und Probleme zu lösen. Auch aus Situationen, an denen sie nicht viel ändern kann, macht sie das Beste. Die Schwierig-

4. Das Interview

keiten, die sie beschreibt, werden durch Andere verursacht oder entstehen durch äußere Umstände, so dass sie selbst in ihren Ausführungen keine erkennbaren Fehler macht.

Dieses Bild der gelungenen Eingliederung in Deutschland steht im Gegensatz zu dem ihres Sohnes, der mit Schulschwierigkeiten zu kämpfen hat und dessen dauerhafter Verbleib in Deutschland zweifelhaft erscheint.

4.4.3 Beziehung zur Interviewerin

Die Beziehung zwischen mir als Interviewerin und Frau Müller unterliegt einer langsamen Entwicklung. In der ersten Passage ist Frau Müller in ihrer Darstellung noch sehr zurückhaltend. Sie stellt die Sachverhalte eher positiv dar und vermeidet Wertungen. Schon in der zweiten Passage weicht sie von diesem Verhalten ab und spricht Probleme offen an. Sie unterstellt durch Bezugnahme auf ein ähnliches späteres Berufsfeld ein wechselseitiges Verständnis und baut Vertrauen zu mir als Interviewerin auf. In der dritten Passage stellt Frau Müller eine Frage zu meiner Herkunft, die es ihr ermöglicht, offen über ihre Ansichten zu sprechen. Dies kommt vor allem in der vierten Passage zum Tragen, in der sie ihre neutrale Haltung gegenüber den Deutschen aufgibt und mich besonders häufig mit rhetorischen Fragen in ihr Gespräch mit einbezieht. Die große Vertrautheit setzt sich auch in der fünften Passage fort, so dass Frau Müller offen und entspannt über in ihren Augen seltsame Verhaltensweisen der Deutschen erzählen kann.

5. Schlussbetrachtung

Die Migrationsgeschichte von Frau Müller ist sehr vielschichtig. Sie kommt mit hohen Erwartungen nach Deutschland, die sich aber zunächst nicht erfüllen. Stattdessen kämpft sie mit Sprachproblemen, erfährt Diskriminierung und fühlt sich isoliert und einsam. Auffallend ist, dass für sie nicht die Probleme einer binationalen Partnerschaft im Mittelpunkt stehen, wie man es vermuten könnte, sondern ihre Arbeitssuche und die Probleme ihres Sohnes. Über ihren Ehemann erzählt sie dagegen vergleichsweise wenig.

Frau Müller begegnet ihren Problemen, indem sie Kenntnisse erwirbt, die notwendig sind, um im deutschen Alltag und im Berufsleben zurechtzukommen. Ihre Migration ist insoweit erfolgreich, als sie eine gute Arbeitsstelle findet und damit ihr angestrebtes Ziel erreicht. Sie kann sich selbstständig versorgen, unternimmt viel mit deutschen Kollegen und kann sich auf Deutsch verständigen, so dass sich mit der neuen Arbeitsstelle auch ihre Kontaktprobleme lösen. Gleichzeitig erfüllen sich ihre Erwartungen hinsichtlich eines besseren, neuen Lebens in Deutschland. Dass dieser Migrationsverlauf keine Selbstverständlichkeit ist, zeigen vor allem die Probleme ihres Sohnes, die nach Frau Müllers Auffassung dazu führen werden, dass er nach Abschluss der Schule nach China zurückkehren wird.

Allerdings ist auch Frau Müller noch nicht vollständig integriert, da sie nur ihr Verhalten den Erfordernissen der neuen Umgebung im Alltag und im Beruf angepasst hat, während sie in ihrem Denken und Empfinden noch sehr der chinesischen Kultur verhaftet ist. Diese spezielle Form der Anpassung ist darin begründet, dass sich ihr Interesse an der deutschen Kultur auf die Unterstützung ihres beruflichen Fortkommens und das Zurechtkommen im Alltag beschränkt. So kann von ‚Integration', wie sie in dieser Studie verstanden wird, nur in Bezug auf die Annahme von Verhaltensweisen, aber nicht von Wertvorstellungen gesprochen werden.

Literaturverzeichnis

Bade, Klaus J. (2002): Europa in Bewegung. Migration vom späten 18. Jahrhundert bis zur Gegenwart. Brosch., durchges. Sonderausg. München: Beck (Europa bauen).

Beer, Bettina (Hg.) (2003): Methoden und Techniken der Feldforschung. Berlin: Reimer.

Berkenbusch, Gabriele (2002): Hörer beraten Hörer. Gesprächsorganisation und Verfahren der mündlichen Textproduktion; eine vergleichende konversationsanalytische Studie zu spanischen, katalanischen und französischen Radiosendungen mit Hörerbeteiligung. Tübingen: Stauffenburg Verlag; Stauffenburg.

Boldt, Joachim (2006): "Aus einem Leben in ein andres Leben". China und Deutschland - transkulturelles Lernen. Münster: Lit.

Chen, Hanne (2004): KulturSchock China. Andere Länder - Andere Sitten ; Alltagskultur ; Tradition ; Verhaltensregeln ; Religion ; Tabus ; Mann und Frau ; Stadt- und Landleben usw. 6., aktualisierte Auflage. Bielefeld: Reise Know-How Verlag; Reise Know-How Verl.

Deppermann, Arnulf (2008): Gespräche analysieren. Eine Einführung. 4. Aufl. Wiesbaden: VS Verl. für Sozialwiss. (Qualitative Sozialforschung, 3).

Domes-Näth, Marie-Luise (2005): Die Überseechinesen in der sozialwissenschaftlichen China-Forschung. In: Groeling-Che, Hui-wen von; Yü-Dembski, Dagmar (Hg.): Migration und Integration der Auslandschinesen in Deutschland. Wiesbaden: Harrassowitz, S. 13–25.

Finkelstein, Kerstin E. (2006): Eingewandert. Deutschlands "Parallelgesellschaften". Lizenzausg. Bonn: Christoph Links Verlag; Bundeszentrale für politische Bildung.

Fischer, D.; Lackner, M. (Hg.) (2007): Länderbericht China. Geschichte - Politik Wirtschaft - Gesellschaft. 3. Aufl. Bonn: Bundeszentrale für politische Bildung (631).

Flick, Uwe; Kardorff, Ernst von; Steinke, Ines (2000): Was ist qualitative Forschung? Einleitung und Überblick. In: Flick, Uwe; Kardorff, Ernst von; Steinke, Ines (Hg.): Qualitative Forschung. Ein Handbuch. Orig.-Ausg., 1. Aufl. Reinbek bei Hamburg: Rowohlt-Taschenbuch-Verl. (Rororo Rowohlts Enzyklopädie, 55628), S. 13–29.

Flick, Uwe; Kardorff, Ernst von; Steinke, Ines (Hg.) (2000): Qualitative Forschung. Ein Handbuch. Orig.-Ausg., 1. Aufl. Reinbek bei Hamburg: Rowohlt-Taschenbuch-Verl. (Rororo Rowohlts Enzyklopädie, 55628).

Giese, Karsten (2005): Die Zhejiang-Connection. Irreguläre Migration in der ersten Hälfte der neunziger Jahre. In: Groeling-Che, Hui-wen von; Yü-Dembski, Dagmar (Hg.): Migration und Integration der Auslandschinesen in Deutschland. Wiesbaden: Harrassowitz, S. 105–132.

Giese, Karsten (2005): Bericht aus erster Hand. Die Wahrnehmung der Migranten. In: Groeling-Che, Hui-wen von; Yü-Dembski, Dagmar (Hg.): Migration und Integration der Auslandschinesen in Deutschland. Wiesbaden: Harrassowitz, S. 177–196.

Groeling-Che, Hui-wen von (2005): Canguanye - soziale Lage und Integration einer chinesischen Community. In: Groeling-Che, Hui-wen von; Yü-Dembski, Dagmar (Hg.): Migration und Integration der Auslandschinesen in Deutschland. Wiesbaden: Harrassowitz, S. 57–91.

Groeling-Che, Hui-wen von; Yü-Dembski, Dagmar (2005): Huaqiao - ein Forschungsüberblick. In: Groeling-Che, Hui-wen von; Yü-Dembski, Dagmar (Hg.): Migration und Integration der Auslandschinesen in Deutschland. Wiesbaden: Harrassowitz, S. 1–12.

Groeling-Che, Hui-wen von; Yü-Dembski, Dagmar (Hg.) (2005): Migration und Integration der Auslandschinesen in Deutschland. Wiesbaden: Harrassowitz.

Gütinger, Erich (2005): Einwanderung als soziales Phänomen zwischen Eigen- und Gemeinnutz. In: Groeling-Che, Hui-wen von; Yü-Dembski, Dagmar (Hg.): Migration und Integration der Auslandschinesen in Deutschland. Wiesbaden: Harrassowitz, S. 133–142.

Hansen, Georg (1997): Integration - Segregation. In: Hansen, Georg; Schmalz-Jakobsen, Cornelia; Polm, Rita (Hg.): Kleines Lexikon der ethnischen Minderheiten in Deutschland. Bonn: Beck, S. 212–213.

Hansen, Georg; Schmalz-Jakobsen, Cornelia; Polm, Rita (Hg.) (1997): Kleines Lexikon der ethnischen Minderheiten in Deutschland. Bonn: Beck.

He, Zhining (2007): Die chinesische Minderheit und ihre Integration in die deutsche Gesellschaft. Köln. Universität Köln. Online verfügbar unter: http://kups.ub.uni-koeln.de/volltexte/2007/2190/pdf/zhininghe2007.pdf, zuletzt geprüft am 09.09.2009.

Helfferich, Cornelia (2005): Die Qualität qualitativer Daten. Manual für die Durchführung qualitativer Interviews. 2. Aufl. Wiesbaden: VS Verl. für Sozialwiss. (Lehrbuch).

Hohl, Joachim (2009): Das qualitative Interview. Online verfügbar unter: http:// www.psy.lmu.de/sps-rs/Texte/mainColumnParagraphs/0111/document/hohl.pdf, zuletzt geprüft am 09.09.2009.

Hopf, Christel (2000): Qualitative Interviews - ein Überblick. In: Flick, Uwe; Kardorff, Ernst von; Steinke, Ines (Hg.): Qualitative Forschung. Ein Handbuch. Orig.-Ausg., 1. Aufl. Reinbek bei Hamburg: Rowohlt-Taschenbuch-Verl. (Rororo Rowohlts Enzyklopädie, 55628), S. 349–360.

Jaeckel, Monika; Gerzer-Sass, Annemarie (2000): Zur Situation von Familien ausländischer Herkunft im Spiegel der Praxis. In: Sachverständigenkommission 6. Familienbericht (Hg.): Familien ausländischer Herkunft in Deutschland. : Materialien zum 6. Familienbericht. 3 Bände. Opladen: Leske und Budrich (2), S. 185–232.

Jensen, Olaf (2008): Induktive Kategorienbildung als Basis Qualitativer Inhaltsanalyse. In: Mayring, Philipp; Gläser-Zikuda, Michaela (Hg.): Die Praxis der qualitativen Inhaltsanalyse. 2., neu ausgestattete Aufl. Weinheim: Beltz, S. 255–275.

Kaufmann, Margrit E. (2004): Offenheit für Zuwanderung und Integration. Angst vor Überfremdung, Überalterung und Aussterben. Ein diskursanalytischer Beitrag zum deutschen Zuwanderungsgesetz. In: Köck, Christoph; Moosmüller, Alois; Roth, Klaus (Hg.): Zuwanderung und Integration. Kulturwissenschaftliche Zugänge und soziale Praxis. Münster, Westf.: Waxmann, S. 83–95.

Kazmierska, Kaja (2003): Migration Experiences and Changes of Identity. The Analysis of a Narrative, H. 4 (3), Art. 21. Online verfügbar unter: http://www.qualitative-research.net/index.php/fqs /article/view/669, zuletzt geprüft am 09.09.2009.

Knödel, Susanne (1995): Die chinesische Minderheit. In: Schmalz-Jacobsen, Cornelia; Polm, Rita (Hg.): Ethnische Minderheiten in der Bundesrepublik Deutschland. Ein Lexikon. München: Beck, S. 119–134.

Köck, Christoph; Moosmüller, Alois; Roth, Klaus (Hg.) (2004): Zuwanderung und Integration. Kulturwissenschaftliche Zugänge und soziale Praxis. Münster, Westf.: Waxmann.

Koptelzewa, Galina (2004): Interkulturelle Kompetenz in der Beratung. Strukturelle Voraussetzungen und Strategien der Sozialarbeit mit Migranten. Münster: Waxmann (Münchener Beiträge zur interkulturellen Kommunikation, 18).

Kramer, Dieter (2004): Kultur aus Deutschland statt deutscher Kultur. Kulturelle Vielfalt in der deutschen und internationalen Diskussion. In: Köck, Christoph; Moosmüller, Alois; Roth, Klaus (Hg.): Zuwanderung und Integration. Kulturwissenschaftliche Zugänge und soziale Praxis. Münster, Westf.: Waxmann, S. 21–36.

Kuan, Yu-Chien; Häring-Kuan, Petra (2006): Der China-Knigge. Eine Gebrauchsanweisung für das Reich der Mitte. 2. Aufl., Orig.-Ausg. Frankfurt am Main: Fischer Taschenbuch-Verl.

Lin-Huber, Margrith A. (2006): Chinesen verstehen lernen. Wir- die Andern: erfolgreich kommunizieren /// Wir - die Andern: erfolgreich kommunizieren. 2., aktualisierte und erw. Aufl. Bern: Huber.

Lucius-Hoene, Gabriele; Deppermann, Arnulf (2004): Rekonstruktion narrativer Identität. Ein Arbeitsbuch zur Analyse narrativer Interviews. 2. Aufl. Wiesbaden: VS Verl. für Sozialwiss.

Mayring, Philipp (2000): Qualitative Inhaltsanalyse. In: Flick, Uwe; Kardorff, Ernst von; Steinke, Ines (Hg.): Qualitative Forschung. Ein Handbuch. Orig.-Ausg., 1. Aufl. Reinbek bei Hamburg: Rowohlt-Taschenbuch-Verl. (Rororo Rowohlts Enzyklopädie, 55628), S. 468–475.

Mayring, Philipp (2007): Qualitative Inhaltsanalyse. Grundlagen und Techniken. 7. Aufl. Weinheim: Beltz.

Mayring, Philipp; Gläser-Zikuda, Michaela (Hg.) (2008): Die Praxis der qualitativen Inhaltsanalyse. 2., neu ausgestattete Aufl. Weinheim: Beltz.

Mohl, Alexa (1999): Nach China unterwegs. Interkulturelles Management mit NLP ; ein Trainingshandbuch zur Vorbereitung auf China. Paderborn: Junfermann.

Moosmüller, Alois; Köck, Christoph; Roth, Klaus (2004): Zur Einführung. In: Köck, Christoph; Moosmüller, Alois; Roth, Klaus (Hg.): Zuwanderung und Integration. Kulturwissenschaftliche Zugänge und soziale Praxis. Münster, Westf.: Waxmann, S. 9–18.

Nisbett, Richard E. (2005): The geography of thought. how Asians and Westerners think differently ... and why. Paperback ed. London u.a.: Brealey.

Nyíri, Pál (2005): The "New Migrant" State and Market. Constructions of Modernity and Patriotism. In: Nyíri, Pál; Breidenbach, Joana (Hg.): China inside out. Contemporary Chinese nationalism and transnationalism. Budapest: Central European University Press; Central European Univ. Press, S. 141–175.

Nyíri, Pál (2007): Chinesen im Ausland. In: Fischer, D.; Lackner, M. (Hg.): Länderbericht China. Geschichte - Politik Wirtschaft - Gesellschaft. 3. Aufl. Bonn: Bundeszentrale für politische Bildung (631), Bd. 631, S. 379–401.

Nyíri, Pál; Breidenbach, Joana (Hg.) (2005): China inside out. Contemporary Chinese nationalism and transnationalism. Budapest: Central European University Press; Central European Univ. Press.

Polm, Rita (1997): Binationale Partnerschaften. In: Hansen, Georg; Schmalz-Jakobsen, Cornelia; Polm, Rita (Hg.): Kleines Lexikon der ethnischen Minderheiten in Deutschland. Bonn: Beck, S. 194–196.

Rosenthal, Gabriele; Fischer-Rosenthal, Wolfram (2000): Analyse narrativbiographischer Interviews. In: Flick, Uwe; Kardorff, Ernst von; Steinke, Ines (Hg.): Qualitative Forschung. Ein Handbuch. Orig.-Ausg., 1. Aufl. Reinbek bei Hamburg: Rowohlt-Taschenbuch-Verl. (Rororo Rowohlts Enzyklopädie, 55628), S. 456–468.

Sachverständigenkommission 6. Familienbericht (Hg.) (2000): Familien ausländischer Herkunft in Deutschland. : Materialien zum 6. Familienbericht. 3 Bände. Opladen: Leske und Budrich (2).

Schlehe, Judith (2003): Formen qualitativer ethnographischer Interviews. In: Beer, Bettina (Hg.): Methoden und Techniken der Feldforschung. Berlin: Reimer, S. 71–93.

Schmalz-Jacobsen, Cornelia; Polm, Rita (Hg.) (1995): Ethnische Minderheiten in der Bundesrepublik Deutschland. Ein Lexikon. München: Beck.

Spence, Jonathan D.; Kurz, Gerda (2008): Chinas Weg in die Moderne. Erw. Neuausg., Lizenzausg. Bonn: Bundeszentrale für politische Bildung.

Strauss, Anselm L.; Hildenbrand, Astrid (1994): Grundlagen qualitativer Sozialforschung. Datenanalyse und Theoriebildung in der empirischen soziologischen Forschung. 1. Auflage. München: Fink (UTB für Wissenschaft Uni-Taschenbücher, 1776, Soziologie).

Vonderau, Asta (2004): Integration als absolute Bedingung. Diskursive Ausgrenzungsmechanismen am Beispiel der Zeitungsdebatte über die doppelte Staatsbürgerschaft. In: Köck, Christoph; Moosmüller, Alois; Roth, Klaus (Hg.): Zuwanderung und Integration. Kulturwissenschaftliche Zugänge und soziale Praxis. Münster, Westf.: Waxmann, S. 97–106.

Wenning, Norbert (1995): Migration. In: Schmalz-Jacobsen, Cornelia; Polm, Rita (Hg.): Ethnische Minderheiten in der Bundesrepublik Deutschland. Ein Lexikon. München: Beck, S. 331–340.

Yü-Dembski, Dagmar (2005): Huaqiao - Geschichte der Auslandschinesen in Deutschland. In: Groeling-Che, Hui-wen von; Yü-Dembski, Dagmar (Hg.): Migration und Integration der Auslandschinesen in Deutschland. Wiesbaden: Harrassowitz, S. 27–55.

Zinzius, Birgit (2007): China-Handbuch für Manager. Kultur, Verhalten und Arbeiten im Reich der Mitte. Berlin, Heidelberg: Springer-Verlag Berlin Heidelberg (Springer-11775 /Dig. Serial]).

Zlotnik, Hania (2003): The Global Dimensions of Female Migration. Migration Information Source. Online verfügbar unter: http://www.migrationinformation.org/Feature/display.cfm?ID=109, zuletzt geprüft am 09.09.2009.

Abonnement

Hiermit abonniere ich die Reihe **Kultur – Kommunikation – Kooperation (ISSN 1869-5884)**, herausgegeben von Gabriele Berkenbusch und Katharina von Helmolt,

☐ ab Band # 1
☐ ab Band # ___
  ☐ Außerdem bestelle ich folgende der bereits erschienenen Bände:
  #___, ___, ___, ___, ___, ___, ___, ___, ___, ___, ___, ___

☐ ab der nächsten Neuerscheinung
  ☐ Außerdem bestelle ich folgende der bereits erschienenen Bände:
  #___, ___, ___, ___, ___, ___, ___, ___, ___, ___, ___, ___

☐ 1 Ausgabe pro Band   ODER   ☐ ___ Ausgaben pro Band

Bitte senden Sie meine Bücher zur versandkostenfreien Lieferung innerhalb Deutschlands an folgende Anschrift:

Vorname, Name: _____

Straße, Hausnr.: _____

PLZ, Ort: _____

Tel. (für Rückfragen): _____ *Datum, Unterschrift:* _____

Zahlungsart

☐ *ich möchte per Rechnung zahlen*
☐ *ich möchte per Lastschrift zahlen*

bei Zahlung per Lastschrift bitte ausfüllen:

Kontoinhaber: _____

Kreditinstitut: _____

Kontonummer: _____ Bankleitzahl: _____

Hiermit ermächtige ich jederzeit widerruflich den *ibidem*-Verlag, die fälligen Zahlungen für mein Abonnement der Reihe **Kultur – Kommunikation – Kooperation** von meinem oben genannten Konto per Lastschrift abzubuchen.

Datum, Unterschrift: _____

Abonnementformular entweder **per Fax** senden an: **0511 / 262 2201** oder 0711 / 800 1889 oder als **Brief** an: *ibidem*-Verlag, Julius-Leber Weg 11, 30457 Hannover oder als **e-mail** an: **ibidem@ibidem-verlag.de**

ibidem-Verlag
Melchiorstr. 15
D-70439 Stuttgart
info@ibidem-verlag.de

www.ibidem-verlag.de
www.ibidem.eu
www.edition-noema.de
www.autorenbetreuung.de